mare

Mathijs Deen

UNTER DEN MENSCHEN

Roman

Aus dem
Niederländischen
von Andreas Ecke

mare

Die Deutsche Nationalbibliothek verzeichnet diese Publikation
in der Deutschen Nationalbibliografie; detaillierte bibliografische
Daten sind im Internet unter http://dnb.ddb.de abrufbar.

Die Originalausgabe erschien 2016 unter
dem Titel *Onder de mensen* bei Uitgeverij Thomas Rap,
ein Imprint von De Bezige Bij, Amsterdam.

Copyright © 2016 Mathijs Deen

Der Verlag dankt der Niederländischen Literaturstiftung
für die Förderung der Übersetzung.

Nederlands
letterenfonds
dutch foundation
for literature

1. Auflage 2019
© 2019 by mareverlag, Hamburg
Lektorat Ilka Heinemann, Köln
Typografie Iris Farnschläder, mareverlag
Schrift Dante
Druck und Bindung CPI books GmbH, Germany
ISBN 978-3-86648-280-7

MIX
Papier aus verantwor-
tungsvollen Quellen
FSC
www.fsc.org   FSC® C083411

www.mare.de

I

DIE VEREINBARUNG

Irgendwo weit im Norden steht am Seedeich ein Bauernhof, der wie ein wartendes Arbeitspferd sein Hinterteil dem Meer zuwendet. Es ist ein ausladendes braunes Hinterteil aus Reet, ohne Tür und Fenster. Von der Traufe auf Augenhöhe erhebt sich das Dach steil bis zum First, der nicht mehr im Lee des Deichs liegt, sondern ungeschützt dem Seewind ausgesetzt ist. Das nächste Haus steht fünf Kilometer landeinwärts, und jenseits des Deichs wohnen in einer verschlickten Gezeitenrinne nur Krabben und Plattfische. Es ist Winter und kalt.

Unter dem riesigen Dach steht Jan in der Küche, die Hände in den Hosentaschen, und wartet darauf, dass die Suppe warm wird. Jan ist Bauer. Er wohnt allein und hat nichts zu tun. Die Rüben sind abgeholt, das Getreide ist im Speicher, die Kartoffeläcker hat er im letzten Jahr kurzzeitig verpachtet, sodass in diesem Winter nichts sortiert werden muss, der Kleiboden ist gepflügt und harrt der nächsten Aussaat, die Maschinen sind gewartet und in gutem Zustand, die Buchhaltung in Ordnung. Wenn Jan gleich seinen Teller Suppe gegessen und das Geschirr gespült hat, gibt es beim besten Willen nichts mehr zu tun. Dann ist das Leben geschafft.

Doch Jan ist nicht zufrieden. Es ist der erste Winter, in dem er auf dem Hof das Sagen hat, und sein erster Winter allein. Ein ganzes Arbeitsleben liegt noch vor ihm. Trotzdem ist alles geschafft. Diese Erkenntnis verleiht all seinem Tun eine Sinnlosigkeit, mit der er schlecht umgehen kann.

Jan löffelt seine Suppe, spült das Geschirr und steht danach einen Moment unschlüssig in der Küche. Dann geht er langsam durchs Haus, landet vor dem Fernseher und starrt eine Weile auf den Bildschirm. Der Hof hat keinen Kabelanschluss, das Bild ist ein wenig verschneit. Er hatte geplant, sich eine Satellitenschüssel anzuschaffen, um mehr Auswahl als nur zwischen zwei niederländischen und einem deutschen Sender zu haben. Da aber die Einkünfte niedriger als erwartet ausfielen, hat er sich vorerst dagegen entschieden. »Viel Zeit fürs Fernsehen habe ich sowieso nicht«, dachte er. Ein Irrtum.

Er schaltet den Fernseher wieder aus, legt sich aufs Sofa und versucht sich zu erinnern, wann er zum letzten Mal mit jemandem gesprochen hat, und über was. Ihm fällt nur der Fahrer ein, der die Rüben abgeholt hat, und das war im November, vor gut einem Monat. Danach ist er noch ein paarmal zum Einkaufen ins Dorf gefahren, aber ob er da etwas gesagt hat? Er ist sich nicht sicher. Der Postbote fährt seit dem Herbst aus Gründen der Zeitersparnis nur noch bis zu Jans grünem Briefkasten an der Gemeindestraße, für Jan bedeutet das einen Weg von einem Kilometer über den holprigen Streifen Betonplatten, der schnurgerade landeinwärts führt. Die Zeitung kommt mit der Post, jeden Tag die Zeitung von gestern. Gas und Strom werden erst im Februar abgelesen.

~

Nachdem Jan sich bereit erklärt hatte, den Betrieb zu übernehmen, waren seine Eltern ins Dorf gezogen, damit er, wie sie sagten, auf dem Hof freie Bahn habe. Da ihr Arbeitsleben nun hinter ihnen lag, wollten sie reisen, nach Österreich, in die Berge. Vor der Abfahrt hatte Jans Mutter auf dem Hof sieben Tage lang ununterbrochen gekocht: Suppen und Eintöpfe, aber auch Frikadellen mit Kartoffeln und Gemüse, Spaghetti, Makkaroni und Gerichte aus großen Fleischstücken, Sirup und braunen Bohnen. All das verteilte sie in beachtlichen Portionen auf blaue Gefrierbeutel, die in langen Reihen bereitlagen, und fror es ein. Sie kochte wie besessen, bevor sie Jan allein im Haus am Deich zurückließ, als könne sie den Gedanken nicht ertragen, dass in naher Zukunft Jan, oder schlimmer noch: jemand anders in ihrer Küche den Kochlöffel schwingen würde. So traf Jan in jenen Tagen seine Mutter schon Kartoffeln schälend an, wenn er morgens die Küche betrat, und abends war sie noch mit Spülen beschäftigt, wenn er zum Schlafen nach oben ging. Das Ergebnis war eine totalitäre Menge von fertigen Mahlzeiten, die beide Gefriertruhen im Scheunentrakt bis zum Rand füllten und ihn von der Notwendigkeit, selbst zu kochen, für ein bis anderthalb Jahre entbanden.

Am Tag vor der Abreise bekam Jan von seinem Vater ein Mikrowellengerät geschenkt. Sie aßen zu dritt (Mutter kochte ein letztes Mal). Und dann ging es los, seine Eltern fuhren in ihrem Auto weg, auf Nimmerwiedersehen. In Österreich kamen sie mit dem Wagen von der Straße ab, rollten in einen See und verließen das Wasser nicht mehr lebend.

Das liegt nun vier Monate zurück, und Jan hat noch nicht einmal eine halbe Gefriertruhe geleert.

~

Jan gibt eine Kontaktanzeige auf. »Bauernsohn sucht Frau. Wohnt allein. 80 ha.« Als er seinen Text in der Samstagszeitung liest, findet er es seltsam, dass er »Bauernsohn« geschrieben hat und nicht einfach Mann oder Bauer oder Landwirt. Aber nun steht es einmal da. Und er erhält sogar Zuschriften, nach einer Woche werden vier Briefe an ihn weitergeleitet. Er liest sie, während er langsam gegen den Wind zum Hof zurückgeht, und schon bevor er angekommen ist, hat er drei davon abgehakt. Was er von dem vierten halten soll (»Ich weiß, wie das ist. Ruf mich an. Wil«), ist ihm nicht ganz klar. Er überlegt, was sie wohl mit »das« meint. Sie kann unmöglich wissen, wie es ist, Bauernsohn zu sein. »Das« kann sich also nur aufs Alleinwohnen oder die achtzig Hektar beziehen.

Jan ruft an. Am Telefon ist sie ebenso kurz angebunden wie in ihrem Brief. Und energisch. Er hat sie fragen wollen, was sie mit »das« meint, doch ehe er sich's versieht, ist das Gespräch vorbei. Und als sie sich am nächsten Tag im Bahnhofsrestaurant gegenübersitzen, schenkt er dem Kellner, der sein Winken hartnäckig übersieht, mehr Aufmerksamkeit als der Frau vor ihm, die er kaum richtig anzuschauen wagt.

»Ich glaube, wir fühlen uns hier beide nicht wohl«, sagt sie nach einer Weile. »Nimm mich doch mit zu dir nach Hause. Du wohnst doch am Meer?«

Über diese Frage muss Jan tatsächlich kurz nachdenken.

~

Sie will nicht gleich ins Haus, sondern erst auf den Deich. Eine Zeit lang stehen sie dort oben nebeneinander und starren aufs Wasser. Dann sagt sie: »Weißt du, was das Komische ist mit diesem Land? Überall Meer, aber es gibt kaum Häuser, von denen aus man es sehen kann. Entweder liegt ein Deich davor oder Dünen. Von deinem Haus aus sieht man das Meer wohl auch nicht, oder?« Jan dreht sich zu dem riesigen, blinden Dach des Bauernhofs um. »Nein«, antwortet er. »Ich glaube nicht.«

»Liebst du das Meer?«

Jan schiebt die Hände in die Taschen, plötzlich verärgert. »Ich weiß nicht so genau, was ich dir sagen soll«, sagt er. »Komm mit ins Haus, dann können wir was trinken. Oder willst du was essen? Es ist jede Menge da.«

Im Haus kann er seine wachsende Übellaunigkeit kaum noch unterdrücken. Wil will gern etwas Warmes trinken, und das dürfe ruhig auch eine Tasse Suppe sein, sagt sie. Also verlässt Jan die Küche, um zu den Gefriertruhen in der Scheune zu gehen. Doch auf halbem Wege bleibt er wie ein bockiger Bock stehen. Nach kurzer Beratung mit sich selbst kehrt er in die Küche zurück. »Suppe ist alle«, sagt er.

Es dauert lange, bis das Eis bricht. Sie sitzen eine Weile in dem kahlen Wohnzimmer mit dem Sofa, dem Sessel, dem niedrigen Tisch und dem Fernseher. An den leeren Wänden sieht man, wo früher der Kalender, die Uhr, das Gemälde mit dem blühenden Kartoffelacker und die Fotos von Vorfahren gehangen haben, bis seine Eltern sie in ihr neues Zuhause mitnahmen. Jetzt warten sie, in Kartons verpackt und zurückgebracht, in der Scheune, bis Jan weiß, was er mit all den Sachen anfangen soll.

»Sieh mal, Jan«, sagt Wil, »es ist wichtig, dass du weißt, was ich will.« Ihr Blick schweift kurz durchs Zimmer, sie holt tief Luft. »Ich habe bisher in der Liebe kein Glück gehabt. Ich bin oft enttäuscht worden. Ich will nicht, dass mir das noch einmal passiert. Verstehst du?«

Jan versucht nicht, es zu verstehen. Die Bockigkeit hat seine anfängliche Verlegenheit vertrieben, und jetzt sitzt er sehr gerade auf dem Sofa, blickt ohne zu blinzeln die junge Frau an und fragt sich, ob er sie begehren könnte. Er sucht in ihrem Gesicht nach irgendetwas, das er streicheln, küssen oder zur Not wenigstens schlagen möchte. Doch Wil hat ein Gesicht wie ein Festungswall, mit straff aufgestecktem Haar, einem Mund voll unverständlicher Wörter, zusammengekniffenen Augen und einer scharfen, vorspringenden Nase. Jan schaut und schaut und denkt: Verflixt, wie sieht sie aus.

»Was meintest du mit ›das‹?«, fragt er.

»Was meinst du mit ›was meintest du mit das‹?«

»In deinem Brief. ›Ich weiß, wie das ist‹, hast du geschrieben.«

Wil denkt einen Moment nach. »Kann ich das Haus sehen?«, fragt sie.

»Das Haus?«

~

Jan führt Wil durch das Bauernhaus. Sie trödelt lange im Gewölbekeller, in dem auf Regalen Gläser mit eingemachtem Gemüse stehen. Sie fragt, wie die Gemüse eingemacht worden sind und wann, wie alt die Bodenfliesen sind, und noch einiges andere, das Jan nicht auf Anhieb weiß. Die leer geräumten Zimmer im ersten Stock interessieren sie nicht, die große Diele und der Dachboden dagegen schon. Sie sorgt dafür, dass Jan keinen Winkel des riesigen Bauernhauses auslässt, weshalb er mit ihr auch an Stellen kommt, die er zuletzt als Kind gesehen hat. Auf morschen Treppchen und in schmalen Durchgängen, in denen sie sich zwangsläufig fast berühren, erwartet er, ihre Körperwärme zu spüren und ihren Geruch einzuatmen. Doch da ist nichts als der kühle Hauch und das Wirbeln geruchloser Luft, als würde nicht eine Frau an ihm vorbeigehen, sondern als wäre nur ein Fenster geöffnet. Jan tastet mit dem Blick ihre Kleidung ab, die alles Interessante verhüllt. Sie trägt einen Schal, eine lange, fast neue Wolljacke, die bis auf die Oberschenkel fällt, eine dicke Hose und Schnürschuhe. Bei seiner stillen Suche nach Sinnenkitzel findet er nur Nähte, Falten und Säume.

Es dämmert schon, als sie schließlich die Scheune betreten. Während Jan knappe Erklärungen zu den Sortiermaschinen und dem Traktor gibt, legt sie den Kopf in den Nacken und blickt nach oben.

»Ein riesiges Dach, und so hoch«, unterbricht sie ihn. »Kann man vom Dach aus das Meer sehen?«

Jan denkt nach. Er versucht, sich an die letzte Erneuerung des Reetdachs zu erinnern. Damals hat er auf dem First gesessen. »Ich glaube, ja«, antwortet er. »Aber sicher bin ich mir nicht. Was hast du bloß immer mit dem Meer?«

»Du wohnst am Meer, und es lässt dich kalt?«

»Wasser und Schlick.«

»Dann entgeht dir aber die Hälfte der Welt«, sagt Wil. »Ein ganzer Horizont, die endlose Weite gleich hinter deinem Haus. Du brauchst nur auf den Deich zu steigen, und schon wird deine Welt doppelt so groß.«

Anscheinend bekommt Jan doch noch etwas von Wil zu sehen. Irgendetwas in ihr ist aufgesprungen, und sie blickt ihn jetzt offen an. Sag noch was übers Meer, denkt er. »Achtzig Hektar sind schon groß genug. Weißt du, wie das ist, mit achtzig Hektar?«

»Ach, und warum hast du dann die Anzeige aufgegeben? Etwa weil du so viel zu tun hast?«

Zum ersten Mal hätte Jan Lust, etwas mit Wil zu machen, zum Beispiel, ihr diesen verdammten Schal abzunehmen, oder, oder, oder …

Wenig später stehen sie wieder auf dem Deich (Wils Idee) und sehen in der hereinbrechenden Dunkelheit einen Leuchtturm am Horizont.

»Welche Insel ist das?«, fragt Wil.

Jan nennt den Namen einer Insel und fügt hinzu, dass er sich nicht sicher ist. Wil dreht sich um. Sie stößt ihn an. »Sieh mal.« Sie zeigt auf das senkrechte, dreieckige Windbrett unterhalb des Firsts. »Siehst du, wie der Lichtstrahl vom Leuchtturm oben das Dach streift? Wenn man da oben ein Fenster hätte, könnte man von innen aufs Meer schauen, siehst du? Dann würde jede Nacht das Licht vom Leuchtturm durch die Vorhänge scheinen.«

»Da schläft schon jemand«, erwidert Jan. »Das Brett da nennt man Eulenbrett, dahinter wär Platz für eine Eule.«

»Eulen schlafen tagsüber, wir nachts«, sagt Wil.

~

Jan und Wil fahren in die Stadt. Bevor der letzte Zug fährt, essen sie im Bahnhofsrestaurant eine Kleinigkeit. »Das war's dann«, sagt Jan. »Abfahrt in einer Viertelstunde.« Er streckt unterm Tisch ein Bein aus und berührt ihr Knie. Er schaut ihr ins Gesicht.

»Ich hätte einen Vorschlag«, sagt sie.

»Und der wäre?«

Wil schaut auf die Armbanduhr, holt einen Taschenkalender

aus dem Rucksack, dann einen Kugelschreiber und sagt: »Ich schlage vor, dass wir es drei Mal machen …« Sie blättert in ihrem Kalender.

»Was?«, fragt Jan. Doch sie blättert weiter. »Was machen?«

»Das«, antwortet sie, »du weißt schon. Gibt es Tage, an denen du gar nicht kannst?«

Jan schweigt und schaut sie finster an.

»Jan, ich bin oft enttäuscht worden, und die Liebe hat mir nie das gebracht, was ich wollte. Vielleicht wollte ich also das Falsche. Und jetzt habe ich keine Lust mehr, mit irgendwelchem Quatsch Zeit zu verschwenden. Drei Mal, zuerst auf meine Art, beim zweiten Mal auf deine Art, und dann sehen wir weiter. Okay?«

Jan schaut und schweigt.

»Verstehst du, wie ich es meine? Drei Mal heißt drei Verabredungen, an drei verschiedenen Tagen. Nur damit du mich nicht falsch verstehst … na komm, gleich fährt der Zug.«

Jan schaut Wil reglos an und sagt dann: »Lös dein Haar.«

Sie zuckt leicht zusammen, wie vor Schreck. Aber sie fasst sich schnell und zeigt auf ihre Uhr.

»Erst das Haar lösen.«

»Na gut«, sagt sie und seufzt. Sie fummelt kurz an ihrem Hinterkopf herum, dann fällt das aufgesteckte Haar zögernd auf ihre Schultern. Jan schaut.

»In Ordnung«, sagt er.

II

WILS ART

Wils Vorschlag, es drei Mal zu machen – zuerst auf ihre, dann auf seine und schließlich auf eine noch näher zu bestimmende Art –, kam nicht aus dem Nichts. Sie hat lange darüber nachgedacht. Über alles denkt sie in den letzten Monaten gründlich nach, im Gegensatz zu früher, als sie allen schwierigen Gedanken aus dem Weg ging. So vieles hat sich verändert, schon so vieles ist Gott sei Dank vorbei.

Wil hat eine überdurchschnittliche Portion Pech abbekommen. Wenn sie an ihre Kindheit zurückdenkt, sieht sie sich in ihrem Zimmer, wie sie vom Bett aus auf die Vorhänge schaut. Es ist spät am Abend, sie ist sieben, sie hat Angst. Sie flüstert sich zu, sie sei unsichtbar, und als sie aufgestanden ist, auf Zehenspitzen durch den oberen Flur zur Treppe schleicht und dann sehr langsam hinuntergeht, sieben Stufen, versucht sie jedes Geräusch zu vermeiden, damit niemand hören kann, wo sie ist oder was sie tut. Auf jeder Stufe hält sie inne und zählt mit langen Pausen bis sieben oder nennt möglichst langsam die Namen aller Mädchen in ihrer Klasse, oder aller Tiere, die sie kennt. Nach sieben Stufen setzt sie sich hin und horcht auf den Streit, der unten tobt. Sie weiß ungefähr, was sie im nächsten Moment sagen werden oder schreien werden. Sie flüstert es mit, bis sie hört, wie ihre Mutter aus dem Wohnzimmer stiefelt, die Tür ihres eigenen Zimmers zuzieht und den Schlüssel herumdreht. Dann wartet sie auf das Knallen der Haustür, das Motorgeräusch, wenn ihr Vater den Wagen startet, die Stille, die herabsinkt, und die kalte Luft, die von oben über die Stufen abwärtsströmt, ihren Rücken und ihre Beine entlang. Denn die Kälte wohnt oben, wo ihr Zimmer ist, und sie ist die Königin der Kälte, ihr Bett ist aus Schnee. Unten ist der Streit verstummt, alles ist still geworden, niemand ist mehr da, es ist dunkel. Und sie sitzt und wartet.

Wenn ihre Erinnerung endlich von Tageslicht erhellt wird, sieht sie die leere Küche am frühen Morgen, das Butterbrot für die Schule, das sie sich selbst schmiert, die Tür, die sie leise zuzieht, um niemanden zu beunruhigen.

Oder den Erker, in dem sie sich mit hochgezogenen Knien hinterm Vorhang versteckt hat und gegen die Scheibe zu atmen versucht, ohne dass sie beschlägt. Sie sieht auch den Garten während der endlosen Sommerferien und darin sich, wie sie die Stängel geknickter Blumen mit Satéspießen schient oder Hummeln fängt und in einem Marmeladenglas in ihr Zimmer mitnimmt, um mit ihnen zu sprechen und sie mit den Fingerspitzen zu streicheln.

Natürlich gab es auch die Momente, jetzt so unwiderruflich vorbei, in denen sie zu dritt zusammen waren, Vater, Mutter und sie, und in denen sie sich mit ausweichender, aber lächelnder Beflissenheit durchs Zimmer bewegte, still den Tisch deckte, die Gabeln und Messer lautlos auf die Tischplatte legte und aus der Distanz beobachtete, wie nichts geschah, wie die beiden lasen und glücklicherweise keiner etwas sagte. Langeweile ist gut, dachte sie. Langeweile ist still.

In ihrem Zimmer hing ein Poster von einem Berg auf einer Landspitze, der Gipfel von ewigem Schnee bedeckt. Es war ein Foto von einem schlafenden Vulkan weit im Norden, auf Island. Sehr tief darunter, wusste sie, gab es eine feurige Masse in der Erde, wie eine nie verlöschende Zündflamme. Aber der Berg schlief, der Berg rührte sich nicht, alles war unter Kontrolle, alles war still. Das Wasser des Meeres ringsum war klar und sehr, sehr kalt.

Ihr Umgang mit Freundinnen, Lehrerinnen und Lehrern, Verkaufspersonal in Läden und später mit den wenigen Jungen, zu denen sie außerhalb der Schule Kontakt hatte, war von der gleichen distanzierten, stillen Freundlichkeit bestimmt. Allmählich wendete sich das gegen sie, denn es zeigte sich, dass Freundinnen und Freunde ihre Neigung, Probleme zu vermeiden und Konflikten aus dem Weg zu gehen, einfach missbrauchten. Während ihrer Ausbildung zur Dokumentarin schrieb sie nicht nur ihre eigenen Hausarbeiten, sondern mindestens ebenso viele für diese Freunde und Freundinnen, die plötzlich allerlei andere Dinge zu tun hatten oder ungeniert zugaben, zu faul zu sein. Und immer wieder wurden die für andere geschriebenen Arbeiten von den Dozenten besser beurteilt als die unter ihrem eigenen Namen abgegebenen.

Wenn eine Fete zu organisieren war, übernahm sie mehr Aufgaben als andere, doch wenn sie selbst Leute einlud, war das Interesse mäßig. Als sie eine Stelle fand, begnügte sie sich mit einem zu kleinen Schreibtisch in einem zu lauten und vollen Büro und mit Arbeit, die unter ihrem Niveau, aber von der Menge her kaum zu bewältigen war. Es gab ein paar junge Männer, die sie verließen.

Sie erledigte, was man ihr auftrug, mit einem Lächeln, aber

Tippfehlern. Auch als der Hausarzt sie vor anderthalb Jahren, nach ihrer Entlassung, wegen ihrer hartnäckigen Hautprobleme nicht an einen Dermatologen, sondern an einen Psychologen überwies, tat sie, was ihr aufgetragen wurde. Sie fand eine neue Stelle, in der Kleinanzeigen-Abteilung einer Zeitung. Einmal in der Woche, an ihrem freien Nachmittag, fuhr sie zu dem Therapeuten, um herauszufinden, warum ihr alles misslang und sie nicht glücklich war.

Das lag, so lernte sie, an einem Muster.

~

Der Therapeut hielt ihre Probleme für nicht allzu schwerwiegend. Er rieb sich sogar die Hände, als er sagte, sie würden daran arbeiten. »Ich werde Ihnen klare Aufgaben stellen«, erklärte er, »Woche für Woche. Und bei jeder Sitzung schauen wir, was daraus geworden ist. Ob Sie Erfolg hatten.«

»Soll ich aufschreiben, was Sie sagen?«, fragte sie.

»Sehr gut«, lobte er. »Sagen Sie es einfach, wenn Sie etwas aufschreiben wollen.« Er lehnte sich zurück und dachte nach. »Tun Sie nie etwas, nur weil jemand anders es will«, begann er. »Tun Sie, was Sie selbst wollen. Und wenn Sie nicht wissen, was Sie wollen, warten Sie, bis Sie es wissen. Fragen Sie sich, was Ihre Wünsche und Sehnsüchte sind, und dann, ob es auch wirklich Ihre eigenen sind. Lassen Sie sich nicht beirren. Lassen Sie sich nie zu einer Entscheidung drängen, bevor Sie sich Ihrer Sache sicher sind. Solange Sie sich von anderen abhängig machen, werden andere das ausnutzen. Wenn Sie nicht wissen, was Sie wollen oder wie Sie etwas tun wollen, dann nehmen Sie sich Zeit. Vermeiden Sie Situationen, in denen Sie verwundbar oder manipulierbar sind.«

Er machte eine Pause und schaute ihr beim Schreiben zu. »Haben Sie das?«, fragte er.

~

Ein Jahr lang radelte sie an jedem Freitagnachmittag in Richtung Stadtrand, durch die Stille der Außenbezirke, an Wassergräben entlang, an denen Kopfweiden und Landhäuser standen, zu einem Bauernhaus, in dem sie, mal mit dem Therapeuten allein, mal mit Leidensgenossen, über ihr Leben sprach. Sie grub den Gemüsegarten um, fütterte die drei Hobby-Kühe, machte das Hühnerhaus sauber und wehrte an stillen Tagen gelegentliche Annäherungsversuche des Therapeuten mit einem Lächeln ab.

»Ich bin um meinetwillen und nur um meinetwillen hier«, sagte sie.

»Sehr gut«, lobte er.

Allmählich lernte sie, auf eine andere Art zu leben; sicher nicht glücklich, aber wenigstens, nun ja, weiser, oder wie sie selbst es ausdrückte: »mit Selbsterkenntnis und erreichbaren Zielen«. Die Langeweile, die sie im Laufe der Therapie als Sammelbecken für alte Einsamkeit, Enttäuschung und Trauer erkannt hatte, verhärtete sich zu einer zähen Wut.

»Diese Wut, das ist dein Hund«, sagte der Therapeut. »Du hältst ihn an der kurzen Leine, das spürt jeder. Ich auch.« Er lachte. »Das ist deine Kraft.«

Vor allem auf dem Rückweg, wenn sie durch die Kulissen aus Wiesen, Wassergräben und beschnittenen Weiden zu ihrer kleinen Wohnung in der Stadt zurückradelte, festigte sich in ihr die Erkenntnis, dass sie, wenn sie nicht wollte, nie wieder die Betrogene zu sein brauchte. Der Kälte ihrer Jugend stellte sie eine Vision von einem Haus am Meer gegenüber, wie der schlafende Vulkan auf dem Poster weit entfernt von allen, die sie ausnutzen wollten; dazu ein leerer Horizont, ein unkomplizierter Mann, den sie zu nehmen wusste, viel freie Zeit zum Lesen und zum Arbeiten im Garten und ausreichend Gelegenheit, erst gründlich nachzudenken und dann zu handeln.

Als sie Jans Kontaktanzeige eintippte und seine Adresse las, suchte sie den Ort auf der Karte der Niederlande, meldete sich krank und fuhr am nächsten Tag mit Zug und Bus in den Norden. Von der letzten Haltestelle an war es noch eine gute Stunde zu Fuß. Sie ging, bis sie von der Straße aus in der Ferne unterhalb des Deichs den Bauernhof sah. Um sie herum tiefe, schnurgerade Wassergräben und gepflügte Äcker bis zum Horizont. Hoffnung und Erwartung loderten in ihr auf. Sie ging an der Zufahrt vorbei und steuerte nach einem Kilometer über die Äcker den Deich an. Auf dem Deich ging sie hinter dem Hof her. Es war fürchterlich kalt, und das Bauernhaus unten sah warm, aber ungastlich aus. Ein Hagelschauer, der über den Deich hinweg auf das hohe Dach niedergegangen war, hatte auf dem First eine dünne Eisschicht hinterlassen. Ihr traten tatsächlich Tränen in die Augen. »Das ist es, hier ist es«, sagte sie zu sich. Sie versuchte es zuerst noch zurückzuhalten, doch bald fing sie an zu rennen. »Wehr dich nicht«, sagte sie, und dann schrie sie ihr aufflammendes Glück aus sich heraus. Sie hatte ihre Bestimmung gefunden. Sie wusste es genau.

~

Und heute ist der Tag, an dem sie mit Jan verabredet ist, um es zu machen, und zwar auf Wils Art. Schon seit dem Aufwachen ist sie nervös. Obwohl sie wusste, dass es ein Fehler war, hat sie das genauere Nachdenken über Wils Art aufgeschoben und wieder aufgeschoben. Und nun muss sie im allerletzten Moment herausfinden, was das eigentlich ist: Wils Art. Schon öfter ist ihr aufgefallen, dass es gar nicht so einfach ist, erst gründlich nachzudenken und dann zu handeln. Denn trotz aller Übungen und aller Vorsätze fällt die Wirklichkeit oft ein kleines bisschen anders aus, als sie sich vorgestellt hat. Was theoretisch ein großartiger Plan zu sein schien, erweist sich, wenn es darauf ankommt, ärgerlich oft als nicht umsetzbar.

»Stopp!«, sagt sie. »Los jetzt! Bisher ist alles gut gelaufen.«

Sie hat recht. Bisher ist alles sehr gut gelaufen. Als in der Kleinanzeigen-Abteilung Briefe für Jan eintrafen, behielt sie die zurück und schrieb selbst vier, wobei sie vier verschiedene Telefonnummern angab. Sie brachte ihre Zuschriften zur Post und stellte am nächsten Tag das Telefon ihrer (inzwischen nach einem Schlaganfall verwirrten und übersensiblen) Mutter, den kaum noch gebrauchten Apparat eines entlassenen Kollegen in der Kunstredaktion und den ihrer drei Wochen abwesenden Nachbarn so ein, dass alle Anrufe zu ihrem eigenen Telefon zu Hause umgeleitet wurden. Dann begann das Warten, vor ihr auf dem Tisch lagen die Kopien ihrer Briefe. Sie musste sich unbedingt mit »Hallo« melden. Wenn er anrief, kam es darauf an, möglichst schnell herauszufinden, auf welchen Brief er reagierte, und den entsprechenden Telefonstil zu wählen. Von Ank, der Plaudertasche: albern, durstig, indirekt. Von Wil, der Entscheiderin, dem General. Von Marie, der Reservierten: bissig penibel, Meinungen, Hund. Und natürlich von Irene. Keine der vier durfte die Initiative aus der Hand geben, nicht einmal Ank.

Das Telefon klingelte, und zwar ziemlich oft. Anrufe für ihre Mutter, sogar mehrmals hintereinander, eindeutig von demselben Mann, der Obszönitäten von sich gab, dann auflegte und erneut anrief, bis er merkte, dass am anderen Ende der Leitung keine verwirrte, ältere Frau, sondern jemand anders war. Der Versuchung, Mitleid mit ihrer Mutter zu empfinden, gab sie nicht nach. »Heute ist mein Tag«, sagte sie und schüttelte den Gedanken ab.

Es bestand auch die Gefahr, dass jemand den leeren Schreibtisch in der Kunstredaktion anrief. Einmal kam wirklich ein Anruf für die Zeitung, dringend, wie es schien, den sie mit den Worten »Hier geht es gerade drunter und drüber, könnten Sie die Zentrale anrufen?« abwimmelte.

Dann rief Jan an. Er antwortete auf den kürzesten Brief, den, in dem sie Wil hieß, in dem stand: »Ich weiß, wie das ist.« Jetzt wusste sie, dass er den energischen Typ suchte. Kurz und knapp verständigte sie sich mit ihm und legte auf. Leicht benommen blieb sie sitzen. »Also Wil«, sagte sie und trommelte mit den Fäusten auf den Tisch. Dann nahm sie die drei verworfenen Briefe und zerriss zwei von ihnen. Bei Irene zögerte sie. Ihre Augen brannten.

»Wil«, sagte sie, »das ist gut, das ist wenigstens klar.«

Und sie zerriss auch Irenes Brief, warf die Schnipsel in den Papierkorb, stand auf, ging ins Schlafzimmer und stellte sich vor den Spiegel, in dem sie sich von Kopf bis Fuß betrachten konnte. Was sie sah, gefiel ihr nicht. Ihre Arme, ihre Schultern, ihr Haar, alles hing. »So geht es nicht«, sagte sie. »So ist Wil nicht.«

Sie ging ins Badezimmer, suchte eine Weile, bis sie eine solide Haarklammer fand, und kehrte zum Spiegel zurück. Sie fasste das Haar dicht am Hinterkopf zusammen, drehte es dreimal, rollte es hoch und befestigte es mit der Klammer. Sie betrachtete das Ergebnis. »Das ist besser«, sagte sie. Sie wandte sich ein paarmal nach links und rechts und stellte sich wieder gerade vor den Spiegel, die Füße fest auf dem Boden.

»Wil«, sagte sie.

Sie sah wahrhaftig einen Anflug von trübem Bedauern, doch dann wurde ihr Blick kalt. Sie hob die Nase ein kleines Stück und schaute sich hart und scharf an.

~

Heute ist es so weit. Der Zug fährt in einer halben Stunde. Jetzt muss sie sich nur auf Wils Art, es zu machen, konzentrieren und losgehen. Sie darf den Zug nicht verpassen. Von Diemen aus fahren alle naselang Züge, es geht eher darum, den Bus am Zielbahnhof zu erwischen. Sie hat gesagt, dass Jan sie nicht vom Bahnhof abholen soll – das schien ihr Wils Charakter zu entsprechen –, deshalb darf sie jetzt aber den Zug nicht verpassen, das versteht sich von selbst, denn zu dem Dorf, in dessen Nähe Jan wohnt, fahren nur drei Busse täglich, einer morgens, einer um die Mittagszeit und einer am späten Nachmittag.

Sie muss sich also beeilen, wird aber an diesem Morgen einfach nicht fertig. Sie grübelt und kommt nicht auf den Gedanken, dass es keine Rolle spielt, was genau sie mit Jan machen wird. Sie verliert aus den Augen, dass der Vorschlag, es drei Mal zu machen, dem Zweck diente, Jan zu fangen, und nicht dazu, sich selbst im Netz zu verstricken. »Was um alles in der Welt ist meine Art?«, fragt sie sich laut und korrigiert sich sofort: »Ach nein, nein, was ist *Wils* Art.« Sie geht ein paarmal zwischen

Schlafzimmer, Badezimmer und Küche hin und her. »Und was soll ich anziehen? Was ich jetzt anziehe, muss ich auch wieder ausziehen.«

Dann holt sie all ihre Sachen aus dem Schrank und wählt eine alte Jeans, ein weißes T-Shirt und einen verwaschenen schwarzen Baumwollpullover. »Arbeitssachen«, sagt sie. Sie wirft eine Kleiderbürste, frische Unterwäsche, Zahnbürste und Zahnpasta in ihren kleinen Rucksack, grapscht eine Zeitschrift vom Tisch und rennt zum Bahnhof.

Sie erwischt den Zug, dann auch den Anschlusszug und ist nach einer halben Stunde hinter Amersfoort in Richtung Norden unterwegs.

Sie versucht, sich innerlich auf Jan einzustellen. Sich zu erinnern, wie er aussah. Doch das Bild bleibt unscharf. Er hat sie lange und eindringlich angeschaut, daran wenigstens erinnert sie sich genau, und daran, dass dieses riesige, leere Bauernhaus ein wenig beklemmend war, aber er machte auf sie nicht den Eindruck, allzu schwierig zu sein. Das Einzige, was sie jetzt stört, ist der Umstand, dass sie es mit ihm machen wird, heute. Wird er sie begehren? Ist er ein schweigender Stümper oder der resolut-potente Typ oder ein Obszönitätenstammler? Wenn er nur nicht lieb ist, denkt Wil.

Die Aussicht, mit Jan schlafen zu müssen, ist so unwirklich, dass sie nicht weiß, was sie darüber denken soll. Ficken ist Wut, denkt sie schließlich. Ein Hund, der sich losgerissen hat. Wütend werden geht immer. Faustregel eins: im Zweifel wütend werden. Je wütender, desto besser. Zähne zusammenbeißen, weitermachen, fertig werden, dann tief schlafen.

Sie nimmt die gestern mit Bedacht ausgewählte Zeitschrift aus dem Rucksack. Eine Zeitschrift übers Wohnen; es geht um farbenfrohe, offene Küchen, um die Wand als Blickfänger, um

Vorhangideen, aber auch um spezielle Kartoffelgerichte und ländliche Schlichtheit. Sie versinkt darin.

Zwischen Beilen und Assen wird sie aus ihrer Lektüre (... *eine ländliche, freundliche Atmosphäre ohne Schnörkel ist die Stärke dieses Interieurs* ...) roh herausgerissen. Der Zug bremst scharf und kommt kreischend zum Stehen. In der Stille, die folgt, warten die Fahrgäste atemlos ab, doch als weitere Gewalteinwirkung ausbleibt, tritt Entspannung ein. Wil schaut nach draußen. Wiesen, Bäume, ein Bauernhof. Ländlich und freundlich. Der Mann ihr gegenüber öffnet ein Fenster und steckt den Kopf hinaus, um zu sehen, was los ist. Ein Schaffner geht vorbei. Kurz darauf ist eine nervöse Durchsage zu hören. »Meine Damen und Herren, wegen eines Unfalls kann der Zug vorläufig nicht weiterfahren. Wir bitten um Verständnis und entschuldigen uns für die Unannehmlichkeit.« Der Sprecher zögert, dann fährt er fort: »Es ist hier ziemlich abgelegen, deshalb, äh ... kann es ein wenig dauern. Wir bitten nochmals um Entschuldigung ... aber wir können auch nichts daran ändern.«

»Wird wohl jemand vor den Zug gesprungen sein«, sagt eine Stimme.

Kurze Stille.

»Kann der Zug nicht einfach weiterfahren?«

»Anscheinend dürfen sie das nicht.«

»Aber der Mensch ist doch tot, also was soll's.«

»Das weiß man nicht. Außerdem wäre das bestimmt verboten, glaube ich, ob der jetzt tot ist oder nicht.«

»Schöner Mist.«

»Vor allem schrecklich.«

Wil schaut auf die Armbanduhr. Als sie sich umsieht, treffen sich ihr Blick und der ihres Gegenübers. »Jetzt komme ich zu spät, bloß weil so ein Arschloch vor den Zug springt«, sagt er freundlich, fast vertraulich.

Wil nickt. »Vielleicht war es ein Unfall«, antwortet sie. »Ein Fahrradfahrer auf dem Weg zu diesem Bauernhof.« Sie zeigt. Der Mann schaut, fasst dann mit einer Geste Bauernhof und Landschaft zusammen und sagt: »Wenn er da gewohnt hat, ist er bestimmt gesprungen.«

~

Es ist nach drei, als Wil endlich den Zielbahnhof verlässt. Sie hat den Bus verpasst. Der nächste fährt um zwanzig nach fünf. Sie dreht ein paar Runden um eine Telefonzelle, unschlüssig, ob sie ihn bitten soll, sie abzuholen.

Schließlich ruft sie an. Er nimmt nicht ab.

III

DER UNTERSCHIED

Als Jan am Morgen nach Wils erstem Besuch die Scheune betrat, hatte es ihn gepackt. Er pfiff sogar. Draußen stürmte es, ein elendes Wetter, Böen wehten eiskalten, schneidenden Regen vom Meer über den Deich, Tropfen zerplatzten am hohen braunen Reetdach. Wie gewöhnlich war weit und breit keine Sterbensseele zu sehen. Aber Jan betrat pfeifend die Scheune.

Dabei hatte er eine so schlechte Nacht gehabt. Als er vom Bahnhof nach Hause kam und ins Bett ging, konnte er natürlich nicht schlafen. Mal war ihm zu warm, mal zu kalt; und egal, wie er sich hinlegte, immer spürte er sein Herz und gleich darunter einen Schmerz. Und die Pinkelei, immer wieder musste er aufstehen. Eine Zeit lang hatte er sogar Angst zu sterben.

Doch am nächsten Morgen sprang er in der Scheune herum und rieb sich die Hände. »Mal sehen«, sagte er. »Sehen wir mal, was sich machen lässt.« Und er fing an, erst unsystematisch, dann immer konzentrierter aus allen Winkeln der riesigen Scheune Balken zusammenzusuchen. Er schleppte sie in den freien Raum in der Mitte und legte sie dort aus. Dann Bretter. Es lief gut. Ihm wurde warm, wärmer, als ihm lieb war, aber er arbeitete, er schleppte, er ordnete.

Bis er eine Pause machte, um hinaufzuschauen. Er sah nach oben, um die Höhe des Dachs mit dem Blick zu messen, die Länge der Sparren und Kehlbalken abzuschätzen. »Mal sehen«, wiederholte er noch, doch plötzlich flaute es ab: Er stand mitten zwischen den Balken, den Kopf in den Nacken gelegt, und alle Aufregung, alle Energie flossen aus ihm heraus und verflüchtigten sich, und an ihrer Stelle nistete sich ein tiefes Gefühl der Sinnlosigkeit ein. Er rieb sich die Stirn und machte ein paar Schritte rückwärts. »Erst eine Runde schlafen«, murmelte er, verließ die Scheune und ging durch den Flur ins Wohnzimmer. Dort plumpste er aufs Sofa und schlief ein.

Er schlief bis in den frühen Nachmittag. Als er aufgewacht war, duschte er, taute eine Mahlzeit auf, verzehrte sie und ging in die Scheune, um noch einmal von vorn anzufangen. Sie lagen noch da, die Balken, die Bretter. Alles zusammen auf den ersten Blick mehr als genug, um in den freien Raum unter dem First eine Holzbalkendecke einzuziehen. Denn das war es, was Jan versuchen wollte; er wollte an der Hinterseite vor dem Walm ein Schlafzimmer bauen, weit über den Maschinen, ja sogar über dem Deich, mit einem mannshohen Kippfenster unterm Eulenbrett, um aufs Meer blicken zu können, um vom Bett aus sehen zu können, wie das Licht vom Leuchtturm durch die Vorhänge scheint.

Es war seltsam, aber möglich, und warum sollte er es nicht tun, wenn er Wil damit eine Freude machte? Er wollte sie überraschen, Fakten schaffen, etwas verändern. »Es ist schließlich mein Hof, verdammt noch mal«, sagte er laut, und er hatte recht. Wenn er hoch oben unterm Dach ein Schlafzimmer einbauen wollte, stand ihm das frei.

~

Eine Woche ist vergangen. Heute ist der Tag, an dem Wil kommen wird. Jan hat ein Gerüst gemietet und in der Scheune aufbauen lassen. Jetzt steht er oben und hat angefangen, das Dach in allen Richtungen aufzumessen. Er hat beschlossen, auf den Kehlbalken in ganzer Scheunenlänge eine Decke aus Balken und Brettern zu zimmern, das Dach von innen schön mit Holz zu verkleiden und dann im Walm ein großes Kippfenster einzubauen. Wie, weiß er noch nicht.

Jan ist auch nicht aufs Gerüst geklettert, um heute eine Lösung zu finden. Er werkelt unter seinem Dach, um die Zeit totzuschlagen. Gegen eins kommt Wil, um es mit ihm zu machen, so ist es abgesprochen, und er ist nervös. Es dauert noch eine halbe Stunde, bis sie kommt, und er möchte, dass sie ihn in seiner Tätigkeit unterbricht, sie soll nicht glauben, er hätte auf sie gewartet, auch wenn er das große Tor an der Seite geöffnet hat, sodass sie den Weg zu ihm schon finden wird. Er möchte, dass sie ihn herunterrufen muss, wenn es so weit ist.

Gut aufpassen, denkt er. Ich bin nicht ganz bei mir.

~

Wil verspätet sich. Nach anderthalb Stunden halbherziger Betätigung auf dem Gerüst hat er sich hingesetzt, den Blick auf das Tor mit den zur Seite geschobenen Flügeln gerichtet. Er beobachtet den Staub, der in der Toröffnung vom Betonboden aufgewirbelt wird. Bis es anfängt zu regnen und alles zur Ruhe kommt.

Jan ist vom Gerüst gestiegen. Der halbe Nachmittag ist vorbei, als er die Scheune verlässt. Es ist wieder trocken, aber vom Meer her weht kalter Wind. Den Wind im Rücken, die Hände in den Taschen, geht er langsam den ganzen Betonplattenweg bis zum Briefkasten. Im weiten Umkreis nichts als Ackerland, Krähen und langsam vorbeiziehende Schauer. An der Straße bleibt er eine Zeit lang stehen und schaut sich um.

Er hat keine Post.

~

Am frühen Abend sucht Jan Wils Brief, wegen der Telefonnummer. Er ruft an.

»Hallo?« Eine Frauenstimme.

»Wil?«

»Sie sollen nicht …« Die Stimme klingt ängstlich.

»Bist du das, Wil?«

Die Frau am anderen Ende beginnt zu stammeln. »Sie soll… soll… sollen nicht immer … nicht immer, immer …«

»Wil?«

»… nicht immer, nicht immer …«

»Hören Sie bitte?«, sagt Jan. »Hören Sie bitte, ich glaube, ich habe mich verwählt.«

Nach einem Moment des Zögerns legt er auf. Er schaut auf den Brief und ruft noch einmal an, doch es ist wieder dieselbe Frau, die sich meldet, und jetzt fängt sie an zu weinen. Jan hört ihr eine Weile zu, versucht, etwas Freundliches zu sagen, und legt schließlich bedrückt den Hörer auf die Gabel.

~

Als Wil am Abend endlich den Hof erreicht, ist es dunkel. Von der Bushaltestelle an musste sie gegen den Wind ankämpfen, sie friert und fühlt sich elend. Doch beim Anblick des Bauernhauses vor dem Nachthimmel fällt alles von ihr ab. Durch ein Fenster sieht sie Jan, der gedankenverloren auf ein Blatt Papier starrt.

»Ach Gott, ja«, sagt sie. »So sah er aus.«

Dann klopft sie an die Scheibe. Jan schaut auf und späht in die Dunkelheit hinaus, ohne sie zu sehen. Er steht auf. Wil geht durch die Tür des Hauswirtschaftsraums ins Haus. Sie begegnen sich in der Küche.

»Hi«, sagt sie.

Jan nickt knapp, schweigend.

»Ich hab den Bus verpasst.«

Jan nickt erneut, er ist mit den Gedanken offensichtlich woanders.

»Darf ich noch reinkommen?«

Jan steht, starrt, unbeugsam.

»Hallo?«, sagt Wil.

Erst jetzt scheint er sie zu bemerken. »Ich habe gerade bei dir angerufen«, sagt er. »Da war eine weinende Frau.«

Es dauert eine ganze Sekunde, bis Wil begreift, was geschehen ist. Umständlich setzt sie ihren Rucksack ab und knöpft ihre Jacke auf. »Eine ältere Frau?«, fragt sie und verlässt die Küche. »War hier irgendwo eine Garderobe? Ich hab's vergessen, das heißt, nein, im Flur natürlich, oder?«

»Zuerst dachte ich, ich hätte mich verwählt. Ich hab gefragt, ob du es wärst, da fing sie an zu stottern. Ich hab noch einmal angerufen, wieder war sie dran, und dann hat sie geheult.«

Wil ist in den Flur gegangen. Keine Garderobe. Sie drückt Jacke und Rucksack an sich und lehnt sich einen Moment mit dem Rücken an eine Wand. Dann kehrt sie in die Küche zurück. »Mensch ist mir kalt hast du was Warmes zu trinken für mich der Zug hatte einen Unfall jemand war auf die Schienen gesprungen mitten im Nichts und alle im Zug schimpften nur obwohl na ja vielleicht war das ja der Freund oder die Freundin von jemandem ich meine wie kann man da so gefühllos sein und nur schimpfen dabei ist das so schrecklich alle mussten den Zug verlassen und ein ganzes Stück an den Schienen entlang zurückgehen bis zu einem Bahnübergang wo ein Bus bereitstand soll ich mal Wasser aufsetzen?«

Sie geht zum Herd und greift nach dem Kessel.

»Hast du Besuch, oder so?«, fragt Jan. »Ich dachte, es ist was passiert, und die Frau könnte deine Mutter sein.«

»Ja, ja!«, sagt Wil und erklärt beinahe begeistert: »Meine Mutter ist bei mir, ja, ja, meine Mutter ist zu Besuch, so ist es. Hast du Streichhölzer?«

»Na, dann würde ich sie mal kurz anrufen, denn da ist was nicht in Ordnung.«

»Ach, mach dir darüber keine Gedanken.«

»Wie kannst du das sagen?«, sagt Jan nach kurzem Schweigen. »Sie schien ziemlich durcheinander zu sein.«

»Ach was«, sagt Wil. »Nein, nein, das ist weiter nichts. Möchtest du Tee?«

Jan runzelt die Stirn. Wil geht zu ihm, legt die flache Hand auf seine Brust und sagt: »Mach dir doch keine Sorgen um meine Mutter. Lernen wir uns erst mal kennen, später werde ich dich dann schon meiner Mutter vorstellen, und du mich deiner, ja?« Sie produziert ein Lächeln. »Möchtest du nun Tee oder nicht?«

»Nein.«

Jan starrt auf den Boden, und plötzlich ist er wütend, weil er den ganzen Nachmittag auf sie gewartet hat, weil er sich eine solche Blöße gegeben hat, wenn auch nur vor sich selbst. Er weiß nicht, wie er es finden soll, dass sie schließlich doch noch aufgekreuzt ist. »Setz dich«, sagt er. »Ich koche Tee für dich.«

Er überredet sie, das Teeaufbrühen ihm zu überlassen. Im spiegelnden Küchenfenster sieht er sie am Tisch sitzen. Sie blickt sich in der Küche um, sie blickt zur Decke hinauf, sie blickt von einem Küchenschrank zum nächsten, sie befühlt ihr Haar, sie blickt zum Fenster. Jan schaut weg und gießt den Tee auf. Regen schlägt an die Fensterscheibe.

»Es regnet«, sagt er und stellt die Teekanne auf den Tisch.

»Ja«, bestätigt sie.

Jan nimmt seinen Mut zusammen und sagt: »Dann ist es ja gut, dass du drinnen bist.«

Wil schaut ihn an. »Tasse«, sagt sie.

Jan steht auf. »Wusste doch, dass was fehlt«, sagt er und stellt ihr einen Becher hin. Sie gießt Tee ein und wärmt sich die Hände.

Stille. Die beiden suchen nach Worten, finden aber keine. Ein paar Minuten voll wachsenden Unbehagens kriechen vorbei. Es hat aufgehört zu regnen. Die Stille ist drückend. Dann springt der Kühlschrank an.

»Der Kühlschrank«, sagt Jan.

Wil kichert. Sie schauen sich an.

»Tja …«, sagt Wil.

»Sollen wir dann mal?«, fragt Jan.

Wil beißt auf ihre Unterlippe, prustet aber doch los. Auch Jan findet es jetzt zum Lachen.

»Deine Art«, sagt er und lehnt sich zurück.

Diese Bemerkung löst bei Wil einen heftigen Lachanfall aus. Jan lacht kurz mit, hört jedoch bald damit auf und schaut sie an. Dann beugt er sich über den Tisch und schiebt die Teekanne ein Stück zur Seite, der Becher liegt schon auf dem Boden. Er sieht, dass Wils Haarklammer verrutscht ist und dass ihr Haar langsam alle Disziplin verliert. Plötzlich fällt ihm etwas ein. Er steht auf und klopft ihr ein paarmal beruhigend auf den Rücken. Das Lachen geht in Husten über.

»Hast du schon gegessen?«, fragt er, während er noch ein bisschen weiterklopft. Wil schüttelt den Kopf und winkt in Richtung Rucksack. »Taschentücher«, piepst sie. Jan fischt das Päckchen heraus und reicht es ihr. Von dem Anfall sind Wils Gesicht und Hals mit großen roten Flecken übersät, ihre Nase läuft, Tränen stehen ihr in den Augen. Jan sagt: »Beruhig dich mal.«

»Sorry«, sagt sie. »Mir kam das alles gerade so lächerlich vor.«

Jan nickt. Wil putzt sich die Nase.

»Wenn wir sowieso was essen, kann ich dich auch kurz meiner Mutter vorstellen«, sagt Jan. Wil schaut auf, das Taschentuch noch an der Nase.

»Was?«

»Du hast doch von meiner Mutter gesprochen. Komm mal mit.«

Jan steht auf.

»Deiner Mutter?«

»Ja, kommst du? Dann kannst du dir auch gleich was zu essen aussuchen.«

»Essen?« Wil steckt das Taschentuch ein und betastet ihr Haar. »Du wohnst doch allein!?«

»Na komm«, sagt Jan und verlässt die Küche in Richtung Scheunentrakt.

Wil erhebt sich zögernd, spurtet dann aber hinter Jan her. Sie packt ihn am Arm und hält ihn zurück. »Das war nicht abgemacht, Jan, davon hättest du mir was sagen müssen.«

»Komm«, sagt Jan. Er lächelt, nimmt ihre Hand und zieht sie

in die Scheune. Wil reißt sich los und befühlt wieder ihr Haar. Mit ein paar wütenden Bewegungen löst sie es ganz, dreht es wieder zu einem Knoten und klammert es fest. Jan ist vor den beiden Gefriertruhen stehen geblieben. »Da«, sagt er. Wil sagt nichts, ihr Blick wandert von den Truhen durch die ganze Scheune. »Was ...«, beginnt sie.

»Wil«, sagt Jan und öffnet eine Gefriertruhe, »meine Mutter.« Wil sieht Dutzende weiß beschlagene, gut gefüllte Gefrierbeutel. Sie schreit auf.

»Was möchtest du essen?« Jan holt einen Beutel heraus. »Suppe«, verkündet er. »Eintopf, geschmortes Rindfleisch, Himmel und Erde, Spaghetti ... such dir was aus.«

»Jan, hör auf mit dem Quatsch«, sagt Wil, und dann wird sie wütend. »Hör auf! Du sollst nicht ... du sollst nicht ... was sind das für ... also wirklich. Du hast mich erschreckt. Was soll das hier?«

»Meine Mutter ist tot«, erklärt Jan, während er Beutel hin und her schiebt. »Aber sie kocht noch täglich für mich.« Er nimmt zwei Beutel von ganz unten und schließt die Truhe. »Komm, ich erzähl dir dann alles. Wir essen Grünkohleintopf, nach *ihrer* Art. Kommst du mit?«

~

Der Ton ist vorgegeben. Wil hört Jan zu, der jetzt vom Ableben seiner Eltern erzählt, von den eingefrorenen Mahlzeiten, von den Kartons und eingepackten Gegenständen in der Scheune. Während er erzählt, schiebt er den Grünkohleintopf in die Mikrowelle und verteilt ein paar fürs Abendessen benötigte Dinge – Teller, Besteck und Groninger Senf – auf dem Tisch. Obwohl er sich kurzfasst, deuten manchmal ein Zögern und eine leichte Heiserkeit darauf hin, dass auch eine sachliche Wiedergabe des Geschehens ihn noch innerlich aufwühlt. Wil hört mit halbem Ohr zu und brütet über der Frage, wie sie ihm den üblen Scherz von vorhin heimzahlen kann. Seine Art, ihr seine Mutter vorzustellen, ist ihr sauer aufgestoßen, und während er sich neben der Mikrowelle an die Arbeitsplatte lehnt und erzählt, wie seine Mutter zwei Gefriertruhen voll kochte, wegfuhr und nicht mehr zurückkehrte, wehrt sie sich gegen den Appell, den diese Geschichte beinhaltet.

Der Grünkohleintopf ist fertig. Einen Moment ist Jan damit beschäftigt, die Wurststücke herauszufischen, den Grünkohl glatt zu streichen, die Wurst zu säubern und die glänzenden Stücke mit viel Gefühl für Gestaltung auf dem Eintopf zu drapieren. Dann stellt er ihn auf den Tisch, unter die Lampe, und nimmt Platz.

Da sitzen sie sich nun gegenüber, zwischen ihnen eine Schüssel mit dem vom Tode erweckten Essen. Im Licht der Lampe kringelt sich Dampf. Der Geruch füllt die Küche. Wil betrachtet den Eintopf mit Widerwillen. »Nicht zu viel, danke«, sagt sie, als Jan ihr aufzutun beginnt.

»Du musst was essen«, sagt er.

»Ich muss gar nichts. Kann ich ein Glas Wasser haben?«

»Wasser?« Jan schaut sie beleidigt an. »Der Eintopf ist völlig in Ordnung so.«

Wil holt sich selbst Wasser. Sie essen. Schweigend.

~

So kann es nicht bleiben. Beider Gedanken kreisen um die Nacht, und sie tun sich beide ein zweites Mal auf. Es ist etwa zehn, und wenn sie es noch machen *und* in die Stadt fahren wollen, damit Wil den letzten Zug erwischt, müsste sich alles nun etwas beschleunigen, was nach dem bisher Vorgefallenen gelinde gesagt unwahrscheinlich ist. Jan kommt zu der Erkenntnis, dass Wil entweder wegfahren wird, ohne dass etwas passiert ist, oder bei ihm übernachten wird. Darauf war er nicht eingestellt. Er kann sich auch nicht daran erinnern, dass schon einmal ein Fremder unter diesem Dach geschlafen hätte, abgesehen von seiner Tante und seinem Onkel, der Schwester und dem Schwager seiner Mutter, die ausgewandert waren und zu Verwandtenbesuchen in die Niederlande kamen. Das liegt über zwei Jahrzehnte zurück, denn damals war Jan noch auf der Grundschule. Der Besuch hatte die vertrauten Abläufe durcheinandergebracht. Überall standen Vasen mit Blumen, es gab viel mehr Auswahl zum Frühstück und Schokoladenkekse zum Tee und zwei schön gefaltete neue Handtücher plus Waschlappen auf dem Gästebett und weiches Toilettenpapier mit Blümchenmotiv auf der Toilette. Sein Vater hatte seine besten Sachen an und lachte viel und arbeitete kaum. Auf dem Esstisch standen Gläser mit Wein wie zu Weihnachten. Seine Mutter rauchte nach dem Essen eine Zigarette. Als der Onkel und die Tante wieder abgereist waren, verschwand auch sofort das geblümte Toilettenpapier, obwohl noch eine ganze Menge übrig war.

Jan schaut Wil an, denkt an seine Eltern und überlegt, was sie von Wil gehalten hätten und wo und worauf seine Mutter sie hätte übernachten lassen. Es macht ihn nervös und unruhig. Während er den Gedanken an seine Mutter abzuschütteln versucht, fällt ihm ein, dass auf der Toilette kein Toilettenpapier hängt. Er steht auf.

»Ich koche gleich Kaffee«, sagt er. »Nur noch kurz was anderes. Dauert nicht lange.«

Er geht in den Flur, öffnet den Dielenschrank und durchsucht ihn mithilfe einer Taschenlampe, die bei den Sicherungen liegt. Er öffnet einen Hängeschrank und sucht auch darin. Es ist noch da. Eine angebrochene Packung Toilettenpapier von vor zwanzig Jahren, mit dem Blümchenmotiv. Er holt eine Rolle heraus und stiefelt damit zur Toilette. Als die Rolle hängt, stellt er fest, dass sie den Gesamteindruck nicht verbessert. Im Gegenteil. Es ist ein Saustall; Staub auf dem Boden, dreckige WC-Schüssel, tropfender Wasserhahn und mittendrin jetzt das vergilbte Toilettenpapier mit den Röschen. »Mist«, sagt Jan.

Wil steht auf und stellt die Teller neben der Spüle ab. Die Reste des Eintopfs kratzt sie aus der Schüssel in den Mülleimer. Sie geht zum Küchenfenster. Jan kommt herein, anscheinend ein wenig in Eile. Er murmelt etwas Unverständliches und verschwindet mit dem Kopf im Spülenschrank. »Ich koche gleich Kaffee«, sagt er. »Nur noch …« Und weg ist er, einen Putzlappen und einen Eimer in den Händen. »Ich seh mich kurz draußen um«, ruft Wil ihm nach und zieht ihre Jacke an.

Sie geht zum Deich und steigt hinauf. Es stürmt. Die Nacht ist nicht besonders klar, das Licht vom Leuchtturm weit entfernt. Sie hört einen Vogel rufen und beschließt dazubleiben, egal, was kommt.

Bei ihrer Rückkehr steht Jan ein wenig verloren in der Küche. »Ich dachte schon, du wärst gegangen«, sagte er. »Und ich wollte dir noch was zeigen.«

»Deinen Vater, nehme ich an.«

»Meinen Vater?« Jan versteht sie nicht.

»Ich möchte kurz zur Toilette«, sagt Wil.

»Kein Problem, kein Problem!« Er geht vor ihr her. Neben

der Toilettentür bleibt er stehen. Wil schaut ihn an. »Dauert nicht lange«, sagt sie.

»Jaja«, sagt Jan und macht einen Schritt rückwärts. Wil geht hinein und horcht, ob er weggeht. Aber er steht noch da.

»Es ist eine Überraschung, mehr oder weniger«, sagt er durch die Tür.

»Wolltest du nicht Kaffee kochen?«

»Ach ja«, sagt Jan und geht weg.

Als Wil nach kurzer Zeit wieder die Küche betritt, verkündet er: »Du kannst hier übernachten. Wenn du willst, meine ich. Ich muss nur noch alles vorbereiten.«

»Ich würde gern hier übernachten.« Er macht einen leicht gehetzten Eindruck. »Keine Sorge, wir kommen schon zurecht. Es war auch eine seltsame Idee. Aber irgendwo muss man ja anfangen.«

»Ich habe kein Bett für dich. Hier übernachtet sonst nie jemand. Meine Mutter …«

Doch Wil würgt das Bekenntnis ab. »Was war das für eine Überraschung?«

»Ja«, sagt Jan. »Dann müssen wir noch mal in die Scheune. Viel Licht ist da nicht, aber man kann trotzdem sehen, was ich meine. Kommst du?«

Und wieder führt Jan Wil in den Scheunentrakt. Sie gehen an den Tiefkühltruhen vorbei, balancieren über die Bretter und Balken, die Jan auf dem Boden ausgelegt hat, und stehen schließlich am Fuß des Gerüsts. »Schau mal«, sagt Jan. »Ich habe angefangen, ein Zimmer einzubauen, da oben, wo du drin schlafen kannst, wenn es was wird.«

Wil schaut hinauf und schweigt.

»Ich war wütend, weil du nicht kamst. Ich weiß nicht, ob wir miteinander klarkommen«, sagt Jan. »Aber das mit dem

Leuchtturm und den Vorhängen, na ja, es ist mein Hof, und wenn ich das will, geht das keinen was an. Es ist schon etwas seltsam, aber diese dicken Balken müssten es aushalten, wenn du nicht zu viel reinstellen willst, denn zu viel Gewicht, das ist … äh, aber nur ein Bett und ein Stuhl und ein kleiner Schrank, das müsste gehen.«

»Kann ich da hochklettern?« Wil schaut immer noch nach oben.

»Warum nicht«, sagt Jan. Sie steigen hinauf. Oben angekommen, schauen sie durch die winzigen Scheiben im Eulenbrett in die Nacht. »Siehst du?«, fragt sie. »Der Leuchtturm, zweimal hintereinander, dann eine Weile nichts, siehst du das?«

»Jaja«, sagt Jan.

»Wie willst du das denn machen, mit dem Schlafzimmer?«

Jan erklärt, wie er es sich gedacht hat. »Auf der neuen Decke aus Balken und Brettern gehst du dann zum Schlafzimmer«, sagt er zum Schluss. »Ich muss … oder wir müssen da irgendeine Art Heizung einbauen, und eine Stromleitung muss dahin, und das alles möglichst sicher, wegen dem Reetdach, aber so ungefähr hatte ich's mir vorgestellt.«

Wil schaut Jan an. Dann küsst sie ihn. Auf die Wange. »Du bist okay«, sagt sie. »Es ist eine großartige Idee.«

»Deine Idee«, meint Jan.

»Eben«, sagt Wil.

~

»Ach, natürlich«, sagt Jan. »Natürlich hab ich doch ein Bett für dich.« Sie sind vom Gerüst gestiegen. Er geht zwischen einem Traktor und einem Anhänger hindurch zu einem Berg aufgestapelter Gegenstände. »Die Sachen von meinen Eltern. Die musste ich abholen lassen, als das Haus im Dorf verkauft war. Ich hatte noch keine Lust, alles wieder an seinen Platz zu räumen.«

Vorsichtig streckt er das Bein aus und steigt mitten in den Hausrat seiner Erzeuger hinein. »Da muss ein Gästebett sein«, sagt er. »Und natürlich das Bett meiner Eltern.« Er räumt ein paar Kartons zur Seite und zieht einen breiten Federrahmen mit eingeklappten Beinen hervor. »Irgendwo muss auch noch die Matratze dazu sein«, murmelt er und legt das Bett ab. Es hat die Breite eines französischen Betts. Wil betrachtet es.

Kurz darauf steht das Bett im kleinen Seitenzimmer des Vorderhauses, die Beine sind ausgeklappt, auf dem Federrahmen liegt eine dünne, muffig riechende Matratze. »Ich hab keine guten Handtücher, ich hoffe, du bist deswegen nicht böse«, sagt Jan. »Und ich weiß nicht, ob ich auf die Schnelle ein passendes Betttuch finde. Soll ich es ein bisschen näher ans Fenster rücken?« Er schiebt das Gästebett in Richtung Fenster. Die Klappbeine am Kopfende bleiben an dem rauen Teppichboden hängen und klappen sich ein. Jan stolpert vorwärts und landet bäuchlings auf der Matratze. Das Bett kniet knechtisch, Jan liegt mit dem Kopf abwärts knapp vor der Wand unterm Fenster. Wil lacht und sieht zum ersten Mal, dass er einen Körper hat: schmächtiger Oberkörper, lange Beine, platter und zweifellos harter Hintern. Die großen Hände grapschen nach Halt. »Komm«, sagt Wil. »Wir suchen Bettwäsche.« Sie beugt sich vor und packt ihn an der Taille, um ihm aufzuhelfen. Es tut fast weh, ihn anzufassen, so hart ist sein Körper. Sie zerrt. Die Beine am Fußende, die noch standen, klappen sich nun ebenfalls ein. Jetzt ist sie mit dem Stolpern an der Reihe. Sie landet auf Jan. Aus der Matratze wirbelt Staub in alle Richtungen.

Jan unternimmt keine Anstrengungen, sich zu erheben oder dieses Zusammentreffen besonderer Umstände in ein zielgerichtetes Ringen umzusetzen. Er schließt die Augen und konzentriert sich auf Wil. Er spürt, dass sie warm ist. Sie atmet in seinen Nacken. Er hätte Lust, diesen warmen und unbegreiflich weichen Körper auf ihm mit ein paar Handgriffen unter sich zu ziehen und Wil auf dem fragilen, eingestürzten Gästebett hart zu nehmen.

Doch er traut sich nicht.

Auch Wil hat die Augen geschlossen. Sie atmet durch den Mund, um den modrigen Geruch, der aus der Matratze aufsteigt, nicht riechen zu müssen. Sehr vorsichtig sucht sie mit den Händen Halt, um sich hochzustemmen, damit sie ohne Hast aufstehen kann. Wenn es jetzt passiert, denkt sie, haben wir es hinter uns. Aber es passiert nichts. Endlose Sekunden.

Bis Jan ächzt und seine Lage ein wenig verändert. Wil stemmt sich hoch und steht auf. »Sorry«, sagt sie. »Hast du dir wehgetan?«

Jan sagt, er habe sich nicht wehgetan, aber er erhebt sich nicht gleich. Er dreht sich um und schaut zu Wil auf. Als er sieht, dass sie ihn ebenfalls betrachtet, schämt er sich nicht mehr für seinen Blick, nur dass er, um seine Erektion zu verbergen, den Unterarm an der betreffenden Stelle liegen lässt, als läge er dort zufällig, als könnte er genauso gut anderswo liegen. »Komm«, sagt Wil. »Diese Matratze ist faulig, auf der kann ich nicht schlafen. Hast du keine Luftmatratze oder Ähnliches?«

»Nur die Matratze vom Bett meiner Eltern.« Jan steht umständlich auf und stellt das Gästebett wieder auf die Beine. »Aber die passt hier nicht drauf. Dann müssen wir auch ihr Bett zusammenbauen.«

»Ist das ein Problem?«, fragt Wil.

»Problem ist zu viel gesagt«, antwortet Jan und bugsiert sie mit vorsichtigem Griff an der Schulter aus dem kleinen Zimmer.

~

Jan und Wil haben im Gästezimmer im Obergeschoss das Bett des ertrunkenen Bauernehepaares zusammengesetzt. In einem Kabinenkoffer fanden sie Bettwäsche, in einem Karton Decken. Sie haben sich eine gute Nacht gewünscht und die Türen der einander gegenüberliegenden Zimmer geschlossen. Wil ist sofort eingeschlafen, doch Jan hat in seinem eigenen Bett wach gelegen und vor seinem inneren Auge das Bild des eingeknickten Betts heraufbeschworen und vergeblich zu masturbieren versucht und ist aufgestanden, um zu pinkeln, und hat vor der Gästezimmertür gestanden und gehorcht, und als er Wils gleichmäßigen Atem hörte, ist er sogar ins Zimmer geschlüpft und hat als großer Schatten kurz an ihrem Bett gestanden, bis sie im Schlaf zu jemandem sprach, gekränkt, immer gebe man ihr an allem die Schuld, sagte sie, und er ist aus dem Zimmer geschlichen und hat die Tür leise hinter sich zugezogen, danach hat er ein paar Schmerztabletten geschluckt und gewartet, bis alles weich zu werden schien, und ist dann endlich eingeschlafen.

~

Wil wird von rufenden Gänsen geweckt, die durch das auflaufende Wasser vom Watt vertrieben werden und in Richtung der Wiesen fliegen, um zu grasen. Der frühe Morgen kommt durchs offene Fenster herein. Einen Vorhang gibt es hier nicht, und gäbe es einen, hätte sie ihn nicht zugezogen. Sie stellt sich ans Fenster und sieht, dass Nebel wie eine Decke auf den bereiften, gefrorenen Äckern liegt. Darüber hängt eine kalte, fahle Sonne. Sie ballt die Fäuste, stemmt sie gegen den Fensterrahmen und seufzt tief. Dann zieht sie sich an und geht langsam die Treppe hinunter.

Es ist ein kalter Morgen am Beginn eines klaren Tages. Wil ist auf die Deichkrone gestiegen und sieht die vollgelaufene Gezeitenrinne wie einen kraftlosen Arm im Deichvorland liegen. Das Meer ist grau. Sie dreht sich zum Bauernhof und zum endlos weiten Land dahinter um. Sie steigt hinunter, geht einmal ganz ums Haus herum, wobei sie jedes Detail in sich aufnimmt. Schließlich kehrt sie ins Haus zurück und betritt die Scheune, in der sie nach einigem Suchen ein altmodisches Damenfahrrad mit festen Taschen und eingeklappter Rückenstütze statt Kindersitz am Gepäckträger findet. Sie pumpt die Reifen auf, rollt es hinaus und fährt auf der schnurgeraden Zufahrt der bewohnten Welt entgegen.

Auf der von landwirtschaftlichen Maschinen malträtierten Polderstraße fährt sie zwischen rechteckigen, gefrorenen Äckern hindurch. Sie will ins Dorf, um fürs Frühstück und für die übrigen Mahlzeiten des Tages einzukaufen.

Und für die Mahlzeiten morgen, denn sie will bleiben.

Sie biegt ein paarmal ab, bis sie auf eine Straße kommt, die kurz ansteigt und auf der sie über den alten Seedeich hinüber den Dorfrand erreicht. Vorbei an roten Backsteinhäusern mit leeren Vorgärten fährt sie ins Zentrum, wo sich die Häuser auf der alten Warft dicht zusammendrängen. Es gibt tatsächlich einen Bäcker, einen Metzger und einen Lebensmittelladen, der auch Gemüse und Obst hat. Es ist neun Uhr. Wil geht von Laden zu Laden und formuliert knapp ihre Wünsche. Man mustert sie gründlich, antwortet ihr förmlich mit Einzelhändlerphrasen und starrt ihr, wenn sie hinausgeht, hinterher. Die große, breite Lebensmittelhändlerin verlässt sogar ihren Laden, um über Wils Abfahrt in Richtung Polder nachzudenken.

Die Richtung, die Wil einschlägt, lässt der Lebensmittelhändlerin nur eine begrenzte Anzahl von Deutungsmöglichkeiten. Sie zieht ihre Schlüsse und bespricht sie mit ihren Kundinnen.

~

Als Wil, die Arme voller Lebensmittel, die Küche betritt, steht Jan vor der Mikrowelle. Kaum ansprechbar, wie es scheint, Ringe unter den Augen. »Doch wieder da?«, sagt er. Es macht *Ping*, Jan öffnet die Mikrowelle, und der Geruch von Erbsensuppe erfüllt die Küche.

»Ach, Mensch«, sagt Wil, »ich habe Brot fürs Frühstück geholt.«

»Ich hab Erbsensuppe«, entgegnet Jan.

Wil schaut ihm dabei zu, wie er die Suppe in eine kleine Kasserolle umgießt und sie im Stehen vor der Arbeitsplatte auszulöffeln beginnt. Zwischendurch drückt er die warme Kasserolle zärtlich an seinen Bauch. Wil lässt ihre Lebensmittel auf den Tisch fallen. Sie geht mit großen Schritten hinaus, holt die übrigen Einkäufe aus den Fahrradtaschen, kehrt zurück, wirft alles zu den anderen Sachen und setzt sich an den Tisch. Sie nimmt ihren Taschenkalender aus dem Rucksack und fängt an zu blättern.

»Was hast du denn gekauft?«, fragt Jan. »Ist doch mehr als genug im Haus.«

Wil antwortet nicht. Sie ist in eine Gezeitentabelle vertieft.

Einen Moment rechnet sie und schaut auf die Wanduhr. Dann steht sie auf und geht in die Scheune. Sie wirft die Deckel beider Gefriertruhen zurück, holt eine Schubkarre und lädt den Inhalt der Truhen um. Nicht alles passt in die Wanne. Sie balanciert die Schubkarre mit einer gehäuften tiefgefrorenen Ladung aus der Scheune und vom Hof zum Deich.

Es ist keine Kleinigkeit, die Karre in der Spur zu halten. Links und rechts fallen mit kaltem Klatschen Beutel auf den gefrorenen Boden. Wil geht weiter. Auf dem Weiderost verliert sie noch einiges, auf der Deichböschung ebenfalls. Sie lässt eine Spur aus tiefgefrorenen Mahlzeiten auf ihrem Weg zum Meer zurück.

Jan hat seine Erbsensuppe gegessen. Konzentriert schabt er die Reste aus der Kasserolle und dreht den Wasserhahn auf. Er wartet, bis das Wasser warm wird, und bürstet die Kasserolle und die Schüssel aus der Mikrowelle sorgfältig sauber. Er lässt beide Teile kurz austropfen, trocknet sie mit dem Geschirrtuch, räumt sie an ihren Platz. Dann trocknet er sich die Hände ab und inspiziert die Einkäufe. Er taut ein wenig auf, als er die vertraute Papiertüte des Lebensmittelladens erkennt. »Wil«, sagt er. »Wil …«

Doch Wil antwortet nicht. Jan geht in den Flur und in Richtung Scheune. Er schlägt die Hände zusammen und reibt sie kräftig aneinander. »Wil!« Als er die Scheune betritt, ist Wil nirgends zu sehen. »Wo steckt sie denn jetzt wieder«, sagt er gutmütig. »Wil!« Er geht zum Gerüst und schaut hinauf. Keine Wil. Er kehrt um. Plötzlich sieht er, dass die Gefriertruhen offen stehen. Er runzelt die Stirn und beschleunigt den Schritt. Unterwegs stößt er sich den bestrumpften Fuß schmerzhaft an einem Beutel mit Tiefgefrorenem, der auf dem Boden liegt. Er hebt ihn auf, drückt ihn an sich und schaut in die Gefriertruhen. Die eine ist leer, die andere nur noch halb gefüllt. »Ja, was ist denn ...«, sagt er und blickt sich um. Das Scheunentor steht offen. Jan sieht eine Spur von Gefrierbeuteln. Er stürmt aus der Scheune. Die Spur führt zum Deich. Stolpernd nimmt er die Route, die Wil kurz zuvor mit der Schubkarre genommen hat, und sammelt unterwegs Beutel ein. Als er oben auf dem Deich ankommt, hat er die Arme voll. Er sieht, dass Wil unten auf dem Deichvorland die Schubkarre am Rand der Gezeitenrinne abgestellt hat. Sie greift in den Haufen aus Beuteln und wirft sie nacheinander in hohem Bogen ins ablaufende Wasser.

Langsam schaukeln sie in Richtung Meer davon.

Jan steht wie angenagelt. Die Kälte des Stapels von Gefrorenem in seinen Armen dringt durch seine Sachen. Dann bahnt seine Angst sich ihren Weg durch die Kehle ins Freie.

Jan brüllt. Lange. Sogar, als er schon den Deich hinunterrennt, brüllt er noch.

Wil blickt über ihre Schulter und erhöht ihr Tempo. Bevor Jan sie erreicht, ist die Schubkarre leer. Jan rennt, brüllt, stolpert, und als er vor ihren Füßen im Matsch ausrutscht, flutschen ihm die Beutel aus den Armen. Auch sie landen im Meerwasser, tauchen kurz ab, kommen wieder hoch und schaukeln den anderen hinterher. Jan rafft sich mühsam auf, macht ein paar Schritte in die Rinne hinein, versinkt aber so tief im Schlick, dass Wil ihn auf festeren Boden ziehen muss. Er starrt den Beuteln hinterher, die weit aufgerissenen Augen voller Angst und Unverständnis. Es wird still.

Dann spricht er. »Mama, was ... du hast ...«, stammelt er. »Wie kannst du das ...« Wil schaut ihn an. Sie zögert, als wüsste sie nicht genau, was sie sagen soll, antwortet dann aber entschieden: »Von jetzt an kochen wir selbst.« Sie nimmt die

Schubkarre und lenkt sie zum Deich zurück. »Komm«, sagt sie. »Sonst erkältest du dich.«

~

Jan wankt nach Hause, zu angeschlagen, um zu sprechen. Wil geht mit der Schubkarre vor ihm her. Im offenen Scheunentor bleibt sie stehen, um auf ihn zu warten. Nach kurzem Abwägen beschließt sie, das Leerräumen der zweiten Gefriertruhe zu verschieben. Jan hat Mühe, den Weiderost am Fuß des Deichs zu überqueren. Wil geht zu ihm zurück, um ihm zu helfen. »Komm, gib mir die Hand. Du bekommst gleich etwas Warmes. Zieh dich kurz um, dann kannst du dich in der Küche wieder aufwärmen.«

Doch Jan will nichts davon hören. »Fass mich nicht an!«, sagt er drohend und fügt in explosionsartig anschwellender Lautstärke hinzu: »Und hau ab, verschwinde von hier, sofort!!« Er richtet sich zu voller Größe auf, schaut ihr mit weit aufgerissenen Augen ins Gesicht. Klumpen Matsch lösen sich von ihm und klatschen ringsum auf den Boden. »Was hast du gemacht, weißt du, was du gemacht hast!! Na?!« Er überwindet den Weiderost und geht auf Wil zu, die erschrocken zurückfährt.

»Jan, hör zu, wenn du willst, dass ich bei dir wohne, dann musst du …«, beginnt sie, aber Jan hat nicht vor, ihr zuzuhören. »Was hast du gemacht, weißt du, was du gemacht hast?! Verdammt noch mal, ich könnte dich … ich könnte …«

Wil erschrickt, dreht sich um und rennt weg. Jan läuft hinter ihr her. Sie rennt in die Scheune, durch den Flur, in die Küche, schnappt sich den Rucksack. Jan ist in der Scheune zurückgeblieben. Sie hört sein Gebrüll und beängstigendes Gepolter. Es folgt ein Knall, dann wird es still. Wil horcht. Sie hört

Schritte im Flur. Sie flüchtet ins kleine Zimmer, schiebt das Fenster hoch, springt hinaus und läuft auf der blinden Seite des Bauernhauses zum Deich. Sie blickt sich um, sieht Jan nirgends, rennt den Deich hinauf und auf der Seeseite wieder hinunter. So vor Entdeckung geschützt, entfernt sie sich eilig vom Hof.

~

Die Explosion in der Scheune wurde von Jan verursacht, der einen der Balken vom Boden aufgehoben und damit seine Wut an der noch halb vollen Gefriertruhe ausgelassen hat. Das Gerät hielt dem mit wiederholten Knüppelhieben geführten Angriff nicht stand. Langsam wurde es zerbeult, mit jedem Schlag ein bisschen mehr, bis ein lebenswichtiges Teil getroffen wurde und sich mit der kleinen Explosion verabschiedete. Die brachte Jan zur Besinnung. Der Balken entglitt seinen Händen und kam nach einigem Gepolter auf dem Betonboden zur Ruhe. Eine Weile blieb Jan keuchend vor der rauchenden Gefriertruhe stehen. Als er wieder genug Luft zum Sprechen bekam, sagte er: »Jetzt sieh dir an, was du gemacht hast.«

~

Nachdem sie eine Weile auf der Seeseite am Deich entlanggelaufen ist, steigt Wil wieder zur Deichkrone hinauf. Sie sieht Äcker, Wassergräben, Altdeiche, ein paar Bauernhöfe mit fast bis zum Boden hinunterreichenden Dächern und kahlen Bäumen ringsum. Dahinter einen Kirchturm, eine Windmühle. Sie verlässt den Deich und geht weiter. Der Wind schiebt sie landeinwärts, weg vom Deich, vom Meer, über Betonplattenstraßen und Muschelgrießwege, zum Dorf.

Sie geht über die Hauptstraße, auf der Hunde sie anbellen und beschnüffeln. Zwei blasse, sommersprossige Kinder starren ihr schweigend nach. Sie kommt zu einem Hotel mit einem Café im Erdgeschoss. Sie geht hinein und wartet auf dem abgewetzten Teppich im Vorraum, bis eine schweigsame Frau sie die Treppe hinaufführt, zu einem muffigen Zimmer mit Aussicht auf die Dorfstraße.

Und als sie allein ist, den Rucksack abgesetzt und den Vorhang zugezogen hat, erst dann fängt sie an zu schluchzen und vergräbt den Kopf im Kissen, um sich nicht hören zu müssen.

IV

UNTER DEN MENSCHEN

Jan ist wieder allein. Keine Sterbensseele sieht, wie er am nächsten Morgen aufsteht, die Treppe hinuntersteigt, durchs Haus geistert und nach einer Stunde wieder hinaufgeht und sich aufs Bett legt, um sich dann eben doch einen runterzuholen. Aber auch das führt zu nichts, es klappt nicht. Jan steht auf und geht wieder hinunter. Unten hat sich nichts verändert. Es sind nur zehn Minuten vergangen, und immer noch ist er allein.

Nach einer Runde durch Wohnzimmer und Küche steigt er erneut die Treppe hinauf und zieht sich im Badezimmer aus. Er nimmt eine Dusche, eine lange Dusche, die ihn beruhigt, sodass kurz danach, als er gut durchwärmt nach unten gegangen ist und sich im Wohnzimmer sogar hingesetzt hat, eine erträgliche, friedliche Viertelstunde verstreicht, doch dann wächst wieder die Unruhe und treibt ihn vom Sessel in die Küche, wo er den Kühlschrank öffnet und hineinstarrt und auf eine Eingebung wartet, die offenbar ausbleibt, denn er schließt den Kühlschrank, ohne etwas herausgenommen zu haben. Er geht zum Küchenschrank, ruckelt am Deckel des Brotkastens und findet das Brot vor, das Wil gekauft hat. Er legt zwei Scheiben auf einen Teller, bestreicht sie mit Erdnussbutter und isst sie, sodass sein Leben für kurze Zeit eine Richtung hat, denn die Krümel müssen ja vom Tisch gewischt, der Teller und das Messer abgewaschen und weggeräumt, die Brottüte in den Kasten zurückgelegt werden. Eine kurze Weile ist Jan beschäftigt, doch mehr als fünf Minuten kann er so nicht totschlagen, und der Vormittag ist erst halb vorbei an diesem gewöhnlichen Wochentag im frühen Winter.

Jan ist also allein, aber das ist noch nicht alles. Er ist, denkt er, auch der Einzige, der darüber nachdenkt, dass er allein ist. Außer ihm gibt es niemanden, den seine Situation interessiert, nicht, weil niemand von seiner Existenz wüsste, sondern einfach, weil es niemanden gibt, dessen Gedanken ihm gelten. Keiner außer ihm weiß von seiner Einsamkeit. Gut, vielleicht denkt Wil an ihn – wo auch immer sie sein mag.

Jan ist zum Wohnzimmerfenster gegangen und starrt über die Äcker in die Ferne. Der Himmel hat sich gleichmäßig bezogen, auf der Straße ist kein Verkehr. Ein Hase rennt in Richtung Deich. Er folgt ihm mit dem Blick, bis das Tier aus seinem Sehfeld verschwunden ist und die Leere um ein Vielfaches schwerer zurückkehrt.

Wer könnte ihn sehen? Er steht im Dämmerlicht des Zimmers hinter dem kleinen Fenster. Sogar ein Besucher, der sich dem Haus nähert, könnte ihn, wie er hier steht, die Hände in den Taschen, kaum wahrnehmen. Trotzdem verlässt Jan den Platz am Fenster, als ihm in seinem Elend nichts anderes mehr einfällt, als tiefer im Haus, im fensterlosen Flur, neben dem Spiegel über sein Geschlechtsteil zu reiben, um sich unbemerkt von bedrückend abwesenden Zuschauern für einen Augenblick in einen Zustand des Vergessens zu versetzen.

Es gelingt nicht. Er schließt die Augen, um erregende Bilder

Revue passieren zu lassen, doch es ist zu lange her, dass seine Fantasie zuletzt Nahrung erhalten hat, er kann keine Geister mehr kommandieren, sich an kein Gesicht mehr erinnern. Bei der Suche in seiner dunklen Seele findet er nichts als Zimmer, die gerade verlassen wurden, ein Bett, in dem eben noch jemand lag, eine geöffnete Tür, durch die vor einem Augenblick jemand verschwunden ist. Er zieht den Reißverschluss hoch, legt den Kopf an die Wand und stöhnt.

~

Jan sitzt in seinem Auto. Er fährt weg vom Hof, weg von der Küste, ins Hinterland, schnell, als könnte er sich selbst in dem abgelegenen Haus am Deich zurücklassen. Das Autoradio ist kaputt, deshalb summt er ein bisschen vor sich hin, bis es ihm zu viel wird und der Wind, die Reifen und der Motor das Singen übernehmen. Jan fährt. Jede seiner Entscheidungen an den Kreuzungen führt ihn weiter landeinwärts, entfernt ihn weiter von zu Hause. Der Charakter der Landschaft ändert sich. Die Äcker machen verlassenem Weideland mit Zäunen und offen stehenden Gattern Platz.

Die jetzt unübersichtlichen Kurven bringen ihn dazu, ruhiger zu fahren und sich dem übrigen Verkehr anzupassen. Die offene Landschaft seiner Jugend hat er hinter sich gelassen. Hier säumen Bäume die Straße. Dunkle, massive Stämme mit kahlen Kronen. Jan überholt einen anderen Wagen. Am Steuer sitzt eine junge Frau, neben ihr ein Mann, der sich auf seinem Sitz umgedreht hat, um einem Kind auf der Rückbank etwas zu geben oder wegzunehmen, und dann ist Jan vorbei. Er blickt noch kurz in den Rückspiegel und gibt Gas. Bei der ersten Abzweigung biegt er ab.

Er landet in einem Dörfchen mit geklinkerten Straßen und einem Dorfplatz. An diesem Platz und in den Straßen ringsum stehen alte Eichen, dicht gedrängt um den Friedhof und an der Kirche, aber auch in strikt eingehaltenen Abständen als Wächter zwischen der Fahrbahn und den niedrigen Häuserfassaden. Nach einigem Suchen hält Jan gegenüber einem Laden mit Süßigkeiten, Zeitschriften und Tabakwaren an. Eine Weile späht er vom Wagen aus durch die Schaufensterscheibe. Im Laden ist niemand. Er blickt sich um. Auf der Straße ist niemand. Er steigt aus und geht mit großen Schritten auf die Ladentür zu. Doch noch bevor er die Hand nach der Klinke ausstrecken will, schiebt sich eine alte Frau, deren Näherkommen ihm durch einen im Weg stehenden Baum entgangen war, zwischen ihn und die Tür. Jan verlangsamt seinen Schritt und lässt sie vor. Sie schlurft zur Ladentheke und beginnt ein Gespräch mit dem Inhaber des Ladens, der bei ihrem Eintreten aus den hinteren Räumen gekommen ist. Jan schlendert vor den Zeitschriften hin und her. Er schaut, er sucht. Dutzende Frauen blicken ihn an, von Zeitschriften für werdende Mütter und junge Eltern, von Zeitschriften zum Thema Nähen oder Stricken, von Modezeitschriften, von Klatschblättern, aber Jan sucht weiter, nach anderen Zeitschriften, anderen Frauen. Als er merkt, dass der Ladenbesitzer während des Gesprächs zu ihm hinblickt, geht er zur Kühlvitrine mit Erfrischungsgetränken weiter. Er schaut, nimmt aber nichts. Die Unterhaltung an der Ladentheke ist unterbrochen. »Sie kommen zurecht?«, wird gefragt. Jan flucht leise und geht hinaus, zum Wagen.

~

54

Er fährt wieder, aus dem Dorf hinaus, zur Provinzialstraße. Im Rückspiegel schaut er sich an. »Was willst du eigentlich?«, fragt er laut. Eine unsinnige Frage, denn außer ihm ist niemand da, der ihn sieht, niemand, der ihn fragen hört. Warum also fragt er laut? Warum sollte er laut antworten? Er weiß doch genau, was er will; er will ein Magazin mit nackten Frauen kaufen, er will nachher, wenn er wieder zu Hause ist, gegen die Stille in seinem Leben und die Leere in seinem Kopf gewappnet sein, er will sich zerstreuen und sucht dafür ein Repertoire. Er weiß es doch, also warum fragt er es laut, in der Abgeschiedenheit seines Autos, sich selbst?

Er fährt auf einer ruhigen Provinzialstraße, links und rechts Weideland mit dickstämmigen Bäumen ringsum, immer weiter von zu Hause fort und tut so, als wäre das normal und als könnte er sich selbst im Rückspiegel zur Ordnung rufen. Doch es spielt keine Rolle, welche Antwort er sich gibt, denn es ist niemand da, der es hört, es ist niemand da, der wegen der Richtung seines Verlangens eifersüchtig wäre, und es ist niemand da, der ihn belohnen würde, wenn er dieses Verlangen in eine andere Richtung umbiegt oder überwindet, nicht einmal, wenn er – nun ohnehin unterwegs – noch etwas aus dem Tag macht, zum Beispiel mit einem Museumsbesuch, einem belegten Brötchen und einem Tee. »Scheiße!«, schreit Jan und schlägt aufs Lenkrad.

~

Er fährt auf der Autobahn. An der nächsten Tankstelle wird er tanken und anschließend, so sein Plan, bei der vertraut-gelassenen Handlung des Bezahlens an der Kasse auch ein Magazin voller nackter Frauen mitnehmen und es zu seinem Auto bringen. Er ist so weit von zu Hause entfernt, niemand kennt ihn hier, er hat mit niemandem hier etwas zu schaffen. Würde er die Sprache seines Vaters sprechen, dann würde ihn hier nicht einmal jemand verstehen.

Aber an der Tankstelle herrscht Betrieb, und als er drinnen an der Kasse hinter der Glasscheibe eine junge Frau um die zwanzig sieht, verlässt ihn der Mut. Er schlendert umher, zögert, holt tief Luft, merkt dann, dass ein älterer Mann ihn über eine aufgefaltete Landkarte hinweg ansieht. Jan erwidert kurz seinen Blick, schaut dann auf die Regalfächer mit Zeitschriften, neben denen der Mann steht. Der alte Herr nickt freundlich und deutet mit einer Handbewegung auf seine Karte, als wollte er Jan an irgendetwas teilhaben lassen.

Eine leichte Panik erfasst Jan. Er geht zu einem Kaffeeautomaten und sucht in seinen Hosentaschen nach Guldenstücken. Als er kurz darauf an der Kasse steht, ohne das Magazin mit den Frauen, dafür mit heißem Kaffee, zittern seine Hände so stark, dass er den Becher mit beiden Händen festhalten muss. Nur mit Mühe gelingt es ihm, den Kaffee abzustellen, ohne etwas zu verschütten. »Oin«, sagt er zu der jungen Frau hinter der Glasscheibe. Sie versteht ihn nicht, sodass er die Nummer der Zapfsäule wiederholen muss, und dann klemmt sein Portemonnaie in der Innentasche seiner Jacke, und als er das Geld hinlegt, hat er wieder Mühe, das Zittern seiner Hände zu verbergen. Die ganze Zeit schaut er nicht die junge Frau hinter der Scheibe an, sondern blickt starr auf seine Hände, wie um sie dadurch zu disziplinieren. Er bekommt Wechselgeld, er bekommt einen Kassenbon, er bekommt Marken, er bekommt noch ein anderes Stück Papier mit der Abbildung eines Rennwagens darauf, und er schafft es nicht, all das in seinem Portemonnaie zu verstauen, weshalb er die Hälfte einfach liegen lässt, denn mit den Münzen und dem heißen Kaffee, den er immer noch mit beiden Händen festhalten muss, um nicht zu kleckern, ist er schon voll ausgelastet. So kehrt er zu seinem Wagen zurück, den Kaffeebecher, die Münzen und das Portemonnaie zusammen in die Finger geklemmt. Er stellt den Becher auf dem Autodach ab und bringt zitternd das Wechselgeld im Portemonnaie unter. An seiner hinteren Stoßstange wartet ein Auto, dessen Fahrer kurz hupt, weshalb Jan, ohne den Becher Kaffee vom Dach zu nehmen, einsteigt und abfährt, um nur schnell wegzukommen.

~

Jan fädelt sich wieder auf die Autobahn ein. Er meidet seinen eigenen Blick im Rückspiegel. Eine Schreckhaftigkeit, die er schon als Anstellerei empfindet, aber nicht in den Griff bekommt, hat von ihm Besitz ergriffen. Ein überholender Wagen, ein tief fliegender Vogel, ein bremsendes Fahrzeug vor ihm, auf alles reagiert er mit Reißen am Lenkrad, mit zu starkem Bremsen; immer wieder hat er Hitzewallungen, und das Händezittern hört nicht auf.

Ein großer Wagen überholt ihn. Die Frau auf dem Beifahrersitz schaut im Vorbeigleiten zu ihm hin. Ihre Miene verrät großen Ärger, der zweifellos anderswoher stammt, aber auch nicht gerade geringer wird, seit er mit seinem Auto in ihr Blickfeld geraten ist, als wäre er der Tropfen, der bei ihr etwas zum Überlaufen bringt. Es dauert nur kurz, denn der Wagen, in dem sie sitzt, fährt erheblich schneller als seiner, doch es reicht, um bei ihm etwas durchbrennen zu lassen. Er gibt Gas. Während er sein Auto auf die linke Spur hinüberzieht und die Verfolgung aufnimmt, kommt ein für seine Verhältnisse ungewöhnlich langer und heftiger Wortschwall in Gang. »Geht's noch?«, schreit er. »Als ob ich was dafür kann, verdammt noch mal, als ob ich an allem schuld wär!« Der Motor, nicht gewohnt, mit solcher Entschlossenheit zu solchen Anstrengungen gezwungen zu werden, fängt an zu jaulen. Doch Jan gibt nicht auf. »Was soll ich *jetzt* wieder für dich tun?!«, schreit er. »Wo ist jetzt wieder das Problem?! Was kann ich verdammt noch mal dafür!! Rutsch mir doch den Buckel runter, sieh zu, wie du damit fertig wirst, du Miststück! Miststück!!«

Jan holt auf und verlangt dafür seinem Wagen das Äußerste ab. Der Fahrer vor ihm hat beschleunigt, doch Jan lässt nicht locker. Er sieht, dass der Mann stirnrunzelnd in den Rückspiegel schaut. Jan schreit, so laut er kann, um das Brüllen seines Motors zu übertönen: »Und glaub bloß nicht, dich würde das Ganze nichts angehen, du Trottel! Ja, ja, glotz nur, sieh genau hin, du wirst noch an mich denken, dann kannst du was erleben!!«

Der Qualitätsunterschied zwischen den Wagen macht sich bemerkbar. Der Verfolgte legt noch einen Zahn zu, die Lücke wächst schnell. Jan tritt das Gaspedal durch, so weit es geht, doch mit keinem anderen Ergebnis als Geruch nach verbranntem Gummi. Er hat jetzt Tränen in den Augen. »Mir hat nie jemand geholfen!«, schreit er noch. Aber dann nimmt er den Fuß vom Gas und wechselt wieder auf die rechte Fahrspur, erschöpft.

~

Jan hat auf einem Parkplatz haltgemacht. Er ist ungewöhnlich müde, aber auch ein wenig erleichtert. Seine Hände sind zur Ruhe gekommen. Er lehnt den Kopf an die Stütze und schließt die Augen. In dem tröstenden Schlummer, der über ihn kommt, erscheint seine Mutter. Ihr Haar trieft, als wäre sie geschwommen.

»Bist du müde, mein Junge?«, fragt sie. »Warum musst du auch so weit wegfahren?« Sie schüttelt den nassen, toten Kopf, reibt sich die Augen und sagt: »Mir geht's nicht so gut, ich hab's wieder so schwer.« Sie seufzt. »Der Winter, dieser lange, dunkle Winter, mein Junge, leiste doch deiner Mutter Gesellschaft. Mach uns mal eine Kanne Tee und setz dich zu mir, Junge, setz dich einfach schön hier hin, lies meinetwegen was, du brauchst nicht mit deiner Mutter zu sprechen, Hauptsache, du bleibst ein bisschen bei mir, nicht wahr, Junge? Dein Vater ist wieder an der Arbeit, keine Ahnung, was er jetzt zu tun hat, im Winter, jedenfalls ist er nicht da, also bleib du schön bei mir, nachher koche ich dann was Leckeres für dich, mein Junge, komm, sei lieb.«

»Sie hat dein ganzes Essen weggeworfen«, sagt Jan.

»Wer?«

»Wil. Sie hat dein ganzes Essen ins Meer geschmissen.«

»Sie ist nicht gut zu dir, was weiß sie denn schon, nicht wahr, Junge?«

»Nenn mich doch nicht die ganze Zeit Junge.«

»Aber du bist mein Junge, mein einziger Junge.«

»Darf ich vielleicht …?« Jan dreht sich um und drückt sein Gesicht in die Kopfstütze. Laut spricht er weiter: »Darf ich vielleicht … ganz einfach selbst … entscheiden … was ich will … selbst entscheiden.« Dann fährt er flüsternd fort: »Ich will mein eigenes Leben, so wie jeder, ich will einfach nur eine heiße Frau für mich allein.«

»So einfach ist das alles nicht, Junge.«

»Wieso nicht? Wieso ist immer alles plötzlich schwierig, wenn ich was will?«

59

»Ja, aber was willst du denn, Junge?«

»Lass mich in Ruhe!«

»Ich glaube, du weißt gar nicht, was du willst. Weißt du auch nicht, oder?«

»Geh weg! Geh weg! Ich will einfach nur eine heiße Frau zum zum zum ... zum Ficken, hörst du, zum Ficken!«

Jans Mutter seufzt tief und schaut ihn an. »Aber Junge«, sagt sie kopfschüttelnd. »Welches Mädel soll dich denn noch mögen, wenn du so was willst.«

»Immer soll ich dir Gesellschaft leisten und lieb sein.«

»Du bist mein Junge, und ich hab's schwer, und dein Vater ist nicht da. Komm, Junge, sei nicht so zu deiner Mutter.«

Jan erschrickt, weil jemand ans Seitenfenster klopft. Er öffnet die Augen und schaut in das besorgte Gesicht einer Frau, die nun auf seine plötzliche Bewegung hin vor Schreck zurückprallt. Ringsum stehen noch andere Leute. Er kurbelt das Fenster herunter. »Entschuldigung, aber wir dachten einen Moment, Sie wären tot«, sagt jemand, »Sie haben da so seltsam gelegen.«

Jan ist durcheinander. Er sucht nach etwas, das er sagen könnte, findet aber nichts. Die Frau schüttelt den Kopf. Enttäuscht gehen die Leute auseinander.

»Sie haben wirklich ganz seltsam gelegen«, bestätigt die Frau, halb entschuldigend, halb vorwurfsvoll.

Jan kurbelt das Fenster hoch. Er lässt den Motor an und steuert vom Parkplatz wieder auf die Autobahn.

~

Der Nachmittag ist weit fortgeschritten. Jan hat den Kurs geändert, er nähert sich wieder seinem Zuhause. Er hat die Autobahn verlassen und fährt auf Provinzialstraßen durch eine leicht gewellte, waldreiche Landschaft. Seine Seele ist taub, seine Sinne nicht. Vielleicht ist die Aussicht, mit leeren Händen nach Hause zu kommen, bedrohlicher als das Risiko, erneut gegen sein Gewissen zu verlieren. Jedenfalls beherrschen die nackten Frauen wieder seine Gedanken. Er hat den rechten Arm um die Rückenlehne des Beifahrersitzes gelegt. Weil es ihm immer noch nicht gelingt, den Sitz aus eigener Kraft mit einer warmen Illusion zu füllen, hält er in einem Dorf an und starrt Fußgängerinnen nach. Doch es ist Winter, und alles Runde und Warme ist tief in dicken, geschlossenen Mänteln begraben. Erfolglos versucht er, sich auf den Gang der Passantinnen zu konzentrieren und daraus Rückschlüsse auf ihre Körper zu ziehen. Es hat einfach keinen Zweck. Was er braucht, ist die eindeutige Abbildung, die konkrete Vorlage, das Magazin mit nackten Frauen.

~

Am Dorfrand gibt es eine Tankstelle mit einer Autowaschstraße gleich daneben. Niemand ist zu sehen.

Jan bremst ab und lenkt den Wagen ruhig in die Einfahrt. Er hält neben dem Kassengebäude und nimmt zwei Fünfundzwanzig-Gulden-Scheine aus dem Portemonnaie. Beherrscht steigt er aus. Die Schiebetür öffnet sich mit schwirrendem Laut. Ein Mann von gedrungener Gestalt und mit Fusselhaar sitzt an der Kasse. Er trägt eine große Brille. Jan geht in einem flachen Bogen an den Regalen mit Videokassetten und Zeitschriften entlang, nimmt im Vorbeigehen ein Magazin mit etwas Nacktem auf der Titelseite, legt es auf die Theke und richtet den Blick starr auf die kleinen Tafeln an der Wand hinter der Kasse.

»Waschprogramm 3«, sagt er und legt die Geldscheine auf die Theke.

Doch der Mann ist mit dem Abzählen von Kleingeld beschäftigt. Er hat die Münzen in Zehnerhäufchen vor sich ausgelegt und zählt mit der unerschütterlichen Ruhe desjenigen, der weiß, dass er eine Aufgabe nur bewältigt, wenn er sich Zeit nimmt und nicht ablenken lässt.

»Zwanzig … vierzig … sechzig … achtzig … Ich bin gleich für Sie da, eine Sekunde …«

Jan schließt die Augen und seufzt. Dann dreht er den Kopf und schaut nach draußen. Auf der Straße ist so gut wie kein Verkehr. Er ist der einzige Kunde und bleibt es anscheinend vorerst.

Halbwegs beruhigt schaut er wieder nach vorn, wobei sein Blick gegen die saugende Wirkung des Magazins auf der Theke ankämpfen muss. Diese Zeitschrift offenbart alles: seine Unfähigkeit, seine Charakterschwäche, seine Heimlichtuerei. Mit der von ihm ausgewählten Ware vor sich steht Jan unübersehbar und ungeschützt dem fremden Mann an der Kasse gegenüber. Und der zählt Kleingeld, Häufchen für Häufchen, Reihe für Reihe, langsam, betont sorgfältig. Jan ballt die Fäuste in den Hosentaschen und lässt den Blick über die Beutel mit Lakritz und Halspastillen gleiten, einen Ständer mit Feuerzeugen, eine Dose voller Kugelschreiber, und dann, er kann es nicht mehr verhindern, über das Magazin auf der Theke. Eine junge Frau schaut ihm mit leicht geöffnetem Mund über ihre nackte Schulter ins Gesicht. Jan erwidert den Blick.

»Warte«, sagt er.

Er muss sie länger angeschaut haben, als ihm bewusst war, denn er erschrickt, als der Tankstellenmitarbeiter einen flachen blauen Folienbeutel auf die junge Frau legt. *Klarsicht-Set* steht darauf, und *Le set pour visibilité excellente.* »Das macht dann dreiundzwanzig Gulden fünfundsiebzig, den können Sie einstecken«, sagt der Mann mit einer Kopfbewegung in Richtung des zweiten Fünfundzwanzigers und kramt in der Kassenschublade. Jan nickt, faltet das Magazin mit der Rückseite nach außen, hält die Hand fürs Wechselgeld auf, murmelt »Moin« und nimmt Kurs auf den Ausgang.

Die Schiebetüren öffnen sich. Jan ist draußen.

Er richtet den Blick starr auf sein Auto und geht mit langen Schritten darauf zu. Er öffnet die Tür, wirft seine Beute auf den Beifahrersitz und steigt ein. Als er die Tür zugezogen hat, legt er den Kopf zurück und stößt ein kurzes Wimmern aus, aber dann startet er den Motor und fährt, über einen Bordstein holpernd, hintenherum zur Waschstraße. Er tippt seine Nummer ein, das Rolltor öffnet sich, er fährt hinein, hinter ihm rollt das Mattglas wieder hinunter. Er blickt über die Schulter, er blickt durch die Windschutzscheibe, niemand kann ihn sehen. Er ist allein.

Mit einem Rums setzt sich die Waschapparatur in Gang. Von allen Seiten klatscht Wasser an die Karosserie. Jan kontrolliert noch, ob die Fenster richtig geschlossen sind, und dann, endlich, ist es so weit. Beinahe ehrfürchtig nimmt er das Magazin in die Hände und schaut der jungen Frau auf der Titelseite ins Gesicht. Danach beginnt das Blättern, Suchen, Betrachten, Weiterblättern.

In der schützenden Abgeschiedenheit der Waschstraße, von wild rotierenden Bürsten manchmal sogar vor dem Video-Auge des spähenden Kassierers geschützt, kann der einsame Bauernsohn begierig blättern und betrachten. Sein Auto wackelt leicht, während es mit Schaum und schließlich heißem Wachs besprüht wird. Jan wackelt mit und schaut. Und seine

Erinnerung ist wieder da, es ist wieder da. »Ihr seid ...«, sagt er, schweigt kopfschüttelnd, weil er nicht die richtigen Worte findet, und blättert, bis sie ihm einfallen: »Ihr seid für mich.« Und er nimmt eine bequemere Haltung ein. Und blättert weiter.

Das Waschprogramm ist zu Ende. Verwirrt von der Erregung, die sich in seinem Körper ausgebreitet hat, legt Jan das Magazin zur Seite und lässt den Motor an. Während er fährt und mit einem Auge die Straße im Blick behält, blättert er zwischen den Fotos hin und her. Es gibt kein Halten mehr, etwas muss geschehen.

~

Er ist von der Straße abgebogen und holpert langsam auf einem unbefestigten Weg dem Wald entgegen. Der Abend naht, bald wird es dämmern. Ein paar Rehe am Waldrand heben scheu die Köpfe und verschwinden im Dunkel zwischen den Stämmen. Über den Wipfeln zieht ein Bussard gemächliche Kreise.

Der Bauernsohn, der bis zu einer Klassenfahrt in seinem zwölften Lebensjahr nie einen Wald gesehen hatte, schaukelt auf die Stämme zu, vorsichtig und voller explosiver Spannung wie Springkraut im Spätsommer. Er lenkt nur mit einer Hand, während die andere, damit die Zeitschrift im wackelnden Auto aufgeschlagen bleibt, auf einer nackten Frau ruht, die ihn zwischen seinen Fingern hindurch aus dunklen Augen anschaut.

Er fährt langsam, konzentriert. Erreicht den Wald. Die Bäume werden höher und schlucken das Abendlicht. Durch die Türritzen dringt süßlicher Waldgeruch, im Auto entsteht eine Duftmischung aus Benzin, Fäulnis und männlicher Erregung.

Jan späht übers Lenkrad ins Halbdunkel, er sucht Abgelegenheit, eine Stelle, an der er das Auto sicher und einigermaßen vor Blicken geschützt auf weichem Waldboden parken kann. Er schaltet die Scheinwerfer ein und späht zwischen den Stämmen hindurch, nach links, nach rechts. Was er bräuchte, ist eine freie Stelle am Wegesrand, so groß wie der Wendekreis des Wagens, damit er wenigstens nicht unübersehbar auf dem Waldweg steht. Seine große, harte Hand streicht ein paarmal über die aufgeschlagene Seite, wie um die abgebildete Frau zu beruhigen. Dann hält er an.

Links stehen die Bäume etwas weiter voneinander entfernt als anderswo, genau vor ihm endet der Weg vor einem Weiher. Jan fährt noch eine Autolänge vorwärts und setzt dann in einem Bogen ein Stück zurück, in den Wald. Er schaltet die Scheinwerfer und den Motor aus. Es wird still. Er dreht ein Fenster herunter und horcht.

Wind in den kahlen Baumkronen. Nichts.

Jan ist allein, im Wald, mit seinen Frauen und seiner Einsamkeit. Er nimmt das Magazin und hält es sich dicht vor die Augen. Draußen dunkelt es nun schnell. Um besser sehen zu können, schaltet er das Deckenlämpchen ein. Dann öffnet er die Hose und beginnt, das Magazin in der Linken ins Licht gedreht und die Rechte um sein krummes, hartes Glied gelegt, zu rubbeln und zu murmeln.

~

Das Tageslicht schwindet weiter, der Wind legt sich, im Wald und um ihn herum ist es still. Über eine Wiese nähert sich, braun und dunkelgrün gewandet, ein später Waldspaziergänger. Er hat die Hände tief in die Jackentaschen geschoben und den kurzen Bart im karierten Schal vergraben. Zwei große Hunde preschen mal voraus, mal wieder zurück. Am Waldrand bleibt er stehen. Er späht ins Dunkel. Leise ruft er seine Hunde. Dann verschwinden sie zu dritt zwischen den Stämmen.

In einiger Entfernung leuchtet im Wald ein schwaches Licht. Beim Näherkommen erweist es sich als Lämpchen in einem Auto. Der Wagen wackelt leicht hin und her, die Schatten rings um ihn herum wackeln kaum merklich mit. Die Scheiben sind beschlagen. Es ist kalt im Wald. Der Spaziergänger geht noch ein kleines Stück auf den Wagen zu, bleibt dann aber in sicherer Entfernung stehen und beobachtet. Er selbst ist im Dunkel unter den Bäumen verborgen. Die beiden großen, neugierigen Hunde sitzen zu seinen Füßen.

Schließlich kommt das Auto zur Ruhe.

~

Jan hat das Magazin zur Seite gelegt und die Augen geschlossen. Er atmet kräftig ein und langsam wieder aus. Im Unterleib herrscht ein Gefühl wie Schwelbrand, Kahlschlag und Wiederaufbau.

Die zunehmende Kälte der nassen Stellen auf seinem karierten Hemd bringt ihn wieder zu sich. Er öffnet die Augen und untersucht die Spur des Spermas auf seinen Sachen. Es kam von tief unten, von weit her, von vor langer Zeit. Und es ist überall. Er rutscht auf dem Sitz nach hinten und schaut sich um. Neben ihm liegt der Folienbeutel mit Tüchern von der Autowaschstraße. Er nimmt ihn in die Hand, zögert aber noch. *Mit dem Feuchttuch Scheiben reinigen und mit dem Trockentuch klar reiben*, lautet die Anweisung auf der Folie. Er reißt sie auf und schnuppert. Ein Geruch nach Ausstellungsraum, nach Neuwagen. Er pult das Trockentuch heraus, wischt damit die

Spritzer von den Sachen, kurbelt das Seitenfenster ein Stück herunter und wirft das Tuch hinaus. Dann kurbelt er das Fenster wieder hoch, lässt den Motor an und schaltet die Heizung ein.

Er greift an die Decke, um das Lämpchen auszuknipsen, überlegt es sich aber anders und nimmt noch einmal das Magazin zur Hand. Da ist sie. Unberührt und leicht spöttisch blickt sie den befleckten Bauernsohn an. Jan blättert sie weg und lässt die anderen vorbeiparadieren, ohne Gier jetzt, stattdessen von einer tristen Apathie ergriffen. Die klare Erkenntnis seiner Einsamkeit, klarer noch als zu Hause, senkt sich schwer auf ihn. Er seufzt und lässt die Zeitschrift sinken. Er starrt auf die beschlagene Windschutzscheibe. Allmählich wird sie von der Lüftung freigeblasen, und sein Blickfeld füllt sich mit Bäumen. Er öffnet die Tür und schleudert das Magazin in die Nacht hinaus. »Weg hier«, sagt er und legt den ersten Gang ein.

Der Motor gehorcht, doch die Reifen finden im weichen Waldboden keinen Halt. Ein Beben geht durch den Wagen. Jan nimmt den Fuß vom Gas und versucht es erneut, diesmal vorsichtig. Doch der Wagen kommt nicht von der Stelle. Jan macht eine Pause und versucht nachzudenken. »Scheiße«, murmelt er. Dann schlägt er aufs Armaturenbrett und brüllt. Er gibt kräftig Gas, das Heulen des Motors schallt durch den stillen Wald. Von den Vorderrädern spritzt Waldboden an den Flanken des Wagens entlang in die Höhe. Aber es geht nicht vorwärts. Er sinkt nur etwas tiefer ein.

Jans Augen füllen sich mit Tränen. Er flucht weinerlich, versucht vergeblich, sich im Rückwärtsgang zu befreien, und erschrickt heftig, als er im Scheinwerferlicht zwei Paar Wolfsaugen aufleuchten sieht. Er schaut genauer hin, vielleicht hat er sich getäuscht. Sie sind weg. Plötzlich ein Klopfen am Seitenfenster. Jan schreit vor Schreck auf. Zwei große Hunde und ein Mann mit Bärtchen blicken ihn an.

~

Langsam fährt Jan aus dem Wald hinaus, neben ihm ein Mann mit einem gepflegten Bärtchen und auf der Rückbank zwei große, schnüffelnde Hunde. Der Spaziergänger und er waren eine Viertelstunde damit beschäftigt, den Wagen aus dem Morast herauszuwuchten, ohne ein Wort über die Umstände seiner Anwesenheit im Wald zu verlieren. Allerdings hatte der hilfsbereite Spaziergänger das Magazin mit den nackten Frauen deutlich sichtbar in eine Schubtasche seiner Jacke gesteckt, sodass sich während des Drückens und Zerrens im Licht der Scheinwerfer Jans Blick und der Blick der Frau auf dem Umschlag, die nun schön warm eingepackt war und gerade noch über den Rand der Tasche hinausschauen konnte, manchmal kurz trafen.

Als der Wagen freigekommen war und wieder richtig auf dem Waldweg stand, hat Jan dem Spaziergänger als eine Art Gegenleistung angeboten, ihn und seine Hunde ein Stück mitzunehmen. Der Mann nahm das Angebot ohne zu zögern an, schickte seine Hunde auf die Rückbank und nahm selbst schweigend auf dem Beifahrersitz Platz. Der Wagen schaukelt, die Hunde suchen mit den Krallen Halt im Polster, der Spaziergänger holt das Magazin hervor, knipst das Lämpchen an und fängt an zu blättern.

Sie verlassen den Wald. Im Westen streckt sich letztes Tageslicht, aus dem bereiften Gras des Weidelands hebt sich der Schleier der Nacht. Der Waldspaziergänger verweilt bei einer nackten Frau auf Händen und Knien. Die Hunde hecheln.

~

Es ist Nacht, als Jan in die weite Landschaft seiner Jugend zurückkehrt. Durchs offene Seitenfenster weht Seeluft herein und vertreibt den Wald. In der Dunkelheit ringsum sind hier und da Lichter von verstreuten Bauernhöfen zu sehen.

Der Tag ist vorbei. Gleich darf Jan schlafen gehen. Und morgen ist wieder ein Tag.

V

FRÜHSTÜCKEN

Wil träumt. Sie ist klein und geht an der Hand ihres Vaters. Sie klettern. Hinter ihnen ist das Meer. Sie klettern einen Bergpfad hinauf. Die Sonne steht niedrig über dem Wasser. Tief unten im Meer grollt es. Sie schaut zurück. Der Strand ist verlassen. Vater sagt: »Komm.« Er zieht sanft an ihrer Hand. »Es kann nichts passieren«, fügt er hinzu. Sie klettern. Es ist mühsam, denn ihre Füße rutschen ab, schwarze Steinchen rollen in die Tiefe. Der Pfad führt aufwärts, aufwärts. Sie bekommt Angst. Das Sonnenlicht schwindet, das Grollen breitet sich weiter und weiter aus. Es schwillt an. »Es kann nichts passieren«, wiederholt ihr Vater. »Glaub deinem Papa ruhig mal.« Sie zieht ihre Hand weg. Sie bleibt stehen und schaut wieder zurück. Von fern nähert sich auf der ganzen Breite des Horizonts ein Berg aus Wasser. Die Sonne ist dahinter verborgen. Es wird dunkel. Vater ist weg. Sie schaut hinauf, es ist der Berg auf Island, ganz hoch oben ist das Eis, der Berg grollt, der Boden bebt, sie klettert, sie klettert, die Wand aus Wasser ist da und ragt über sie hinaus und bricht. Alles wird dunkel.

Sie wacht auf. Das Zimmer ist fremd. Hinter den Vorhängen flammt orangefarbenes Licht. Es ist tief in der Nacht. Sie dreht sich auf den Rücken und starrt reglos aufs Fenster. Sie horcht. Nirgends Streit, aber dieses Grollen. Nach einiger Zeit wird ihr klar, dass sie einen Dieselmotor im Leerlauf hört. Sie steht auf und zieht einen Vorhang zur Seite. In der verlassenen Dorfstraße vor dem Hotel steht ein Lastzug mit einem langen Auflieger. Auf dem Dach der Fahrerkabine blinkt ein orangefarbenes Warnlicht. Aus einem der Häuser kommt der Fahrer und klettert in die Kabine. Eine Tür wird zugeschlagen. Der Lastwagen fährt an und verschwindet in der Nacht.

~

Jan schläft noch, als Wil von der Straße her auf dem Betonplattenweg in Richtung Hof geht. Sie starrt auf den Boden.

Es ist so früh, dass im Hotel die Eigentümerin gerade erst aufgestanden ist und in der Küche die Lampen und den Backofen eingeschaltet hat. Sie bereitet das Frühstück für die schweigsame junge Frau zu, ihren einzigen Gast, und sie nimmt dafür ein nicht mehr frisches Ei und legt ein Brötchen, das eine halbe Woche alt ist, in den Backofen, weil diese seltsame Person schon gestern das Frühstück nicht angerührt, sondern nur eine Tasse Tee getrunken und sich nicht über das Wieso und Warum ihres Aufenthalts im Hotel geäußert hat, obwohl die Besitzerin nur für sie so früh das Bett verlassen hatte, und das mitten im Winter, und sich solche Mühe gegeben hatte, eines dieser Frühstücke zuzubereiten, auf die sie sich viel einbildet. Aber ihr Gast hat den Mund nicht aufgemacht und ist den ganzen Tag im Zimmer geblieben.

Doch heute Morgen hat Wil seit vier Uhr vor sich hin gebrütet und das Bett zerwühlt, um halb sieben ist sie aufgestanden und in den Morgen hinausgegangen und hat in der dunklen Dorfstraße Katzen aufgescheucht und ist gut anderthalb Stunden zu dem Bauernhaus am Deich gegangen, von dem sie jetzt im ersten Tageslicht nur noch wenige Hundert Meter entfernt ist.

Es war ein schöner Spaziergang, bei dem sie als Einzige miterlebt hat, wie über den gefrorenen Äckern der Tag geboren wurde. Entlang der Straße, zu Anfang gewunden und beiderseits von Bebauung begleitet, tauchten für sie allein schlummernde Bauernhöfe aus dem Morgennebel auf und wurden wieder von ihm zugedeckt. Dann ging sie vom alten Land über den Schlafdeich auf das neu gewonnene Land, auf dem alles gerade und geometrisch ist, künstlich, übermenschlich. Dort gab es keine Bauernhöfe mehr, nur noch gefrorenes Ackerland und tiefe, schnurgerade Wassergräben. Alles war gleichförmig und streng. Von da an wurde ihr Trip zu einer Unternehmung ohne Anfang und Ende, hypnotisierend, eher ein Seinszustand als ein zielgerichteter Gang. Der Wind frischte ganz allmählich auf, fast unmerklich.

Und da steht es nun, das Bauernhaus, unerschütterlich in der Frostkälte des frühen Morgens. Vorbei an dem auf beiden Flanken vom Boden bis zum Dach mit Matsch bespritzten Auto steuert Wil auf die kleine Scheunentür zu, die sie vorsichtig öffnet, um kein Geräusch zu machen. Sie geht durch die Scheune, in der sie die zusammengehauene Gefriertruhe sieht, dann durch den Flur in den Wohntrakt. Sie schleicht die Treppe hinauf und durch den oberen Flur.

Die Tür von Jans Zimmer steht offen. Sein Bett ist leer. Gegenüber, in dem Zimmer, in dem Wil geschlafen hat, liegt er im Bett seiner Eltern mit dem Kopf unterm Kissen und schläft friedlich. Wil bleibt in der Tür stehen und betrachtet ihn. Sie zögert, legt die Hände an die Wangen, als wollte sie fühlen, wie kalt sie sind, dreht sich um und geht ins Badezimmer.

Sie schließt die Tür und zieht sich aus. Nach einigem Suchen findet sie in einem Schränkchen einen Stapel frische Handtücher. Dann duscht sie, wobei sie sorgfältig das hochgesteckte Haar trocken hält, bis sie gut durchwärmt ist. Sie trocknet sich ab, legt sich Jans Morgenmantel um und geht schnell durch den kalten Flur zum elterlichen Bett, in dem Jan noch immer friedlich schläft. Sie lässt den Morgenmantel von den Schultern gleiten. Ganz vorsichtig hebt sie die Bettdecke und schlüpft, ohne Jan zu wecken, zu ihm ins Bett.

Er schläft. Wil schließt die Augen. Bis jetzt ist alles gut gegangen. Sie öffnet die Augen wieder und betrachtet Jan voller Widerwillen, dann wandert ihr Blick über die Zimmerdecke, die Wände und das Fenster, hinter dem der Morgen angebrochen ist. »Gott, gib mir dieses Haus«, murmelt sie. Sie beleckt ihre Finger, lässt die Hände unter die Decke gleiten und schmiegt sich weich und warm an den schlafenden Bauernsohn. Sie befiehlt ihren Händen, sich von seinen harten Schultern über seinen Bauch weiter hinunter zu bewegen, bis Jan halbwegs wach wird und im Rausch seines Begehrens alle Verwunderung und alle Fragen bis auf Weiteres aufgeschoben werden.

~

Aber als Jans Sturm sich gelegt hat und Wil, in deren Innerem Chaos herrscht, Körper und Geist wieder zu ordnen versucht und ein Stückchen von Jan wegrutscht, um seinen harten Arm nicht an ihrem Arm spüren zu müssen, und ihn trotzdem überall spürt und riecht, kommt schließlich doch der Moment, in dem etwas gesagt werden muss. Jan hat mit geschlossenen Augen dagelegen, bis sein Atem sich beruhigte. Jetzt schaut er schnell zur Seite, um zu sehen, ob Wil ihn anschaut, was sie aber nicht tut.

»Mein Bett ist durchgelegen«, beginnt er. »Deshalb hab ich hier geschlafen.«

Wil nickt. »Es ist ein gutes Bett«, antwortet sie nach einer Weile.

»Von meinen Großeltern«, sagt Jan.

»Ja. Ich ...« Wil hüstelt. »Ich möchte kurz duschen.« Und sie steht auf.

»Wil.« Jan zögert.

Sie bleibt in der Tür stehen, ohne sich zu ihm umzudrehen. »Ja?«

»Es war schön vorhin, warm.«

»Es war nichts«, sagt Wil und eilt ins Badezimmer.

Jan bleibt liegen und versucht nachzudenken. Er hebt eine Hand an die Nase und schnuppert aufmerksam. Dann schnuppert er an der anderen Hand. »Nichts«, murmelt er und schüttelt den Kopf. Er steigt aus dem Bett, zieht eine Hose an und geht gedankenverloren zum Badezimmer. Das Prasseln des Duschwassers bremst ihn zunächst, doch seine Neugier siegt über seine Scheu, und er tritt ein.

Da steht Wil. Sie wäscht sich gründlich und merkt nicht einmal, dass Jan auf halbem Weg zwischen Tür und Dusche anhält und sie beobachtet.

»War das deine Art?«, fragt er.

Sie erschrickt. »Ich dusche gerade«, sagt sie.

»Ich will nur wissen, ob das deine Art war.«

Sie dreht sich um, stellt die Dusche ab und blickt sich über die Schulter suchend im Badezimmer um. Mit wenigen großen Schritten ist sie beim Handtuchschränkchen und nimmt ein neues frisches Tuch heraus, das sie eilig so um ihren Körper legt, dass er von den Brüsten bis zur Hüfte bedeckt ist. »Was hast du gefragt?«, fragt sie, während sie sich ein zweites Handtuch nimmt, um ihr jetzt offenes, tropfendes Haar abzutrocknen.

»Die sind noch von meiner Mutter«, erklärt Jan.

Sie will etwas erwidern, schluckt es aber hinunter.

»Kennst dich schon gut aus«, fährt Jan fort.

Wil trocknet sich reichlich rüde die Haare ab.

»Ich sagte, dass du dich schon gut auskennst.«

»Wir haben eine Vereinbarung, wir wollten es drei Mal machen«, sagt sie.

»War das deine Art?«

»Ach so, äh, ja, ja, das war jetzt meine Art.«

Auch sie schnuppert, allerdings flüchtig, an ihren Händen und sagt dann: »Ich zieh mich kurz an, ich komme gleich, dann essen wir was, okay?« Sie schaut Jan an, bis er das Badezimmer verlässt und die Tür hinter sich schließt.

~

Es hat Wil viel Überredungskraft gekostet, aber schließlich ist Jan bereit, zum Hotel zu fahren, um dort zu frühstücken.

»Natürlich kann man da frühstücken«, sagt er, »aber das ist doch was für Fremde.«

»Soll sie denn denken, dass ich einfach abgehauen bin, ohne zu bezahlen?«, bringt Wil vor. »Sie hat bestimmt für mich gedeckt und ruft jetzt durch die Tür des leeren Zimmers, dass es Zeit fürs Frühstück ist.«

Als sie das Haus verlassen und Jan im Morgenlicht das Auto

mit den Schlammspuren seines Begehrens an den Flanken sieht, verlangsamt er den Schritt, überwindet sich aber und steigt ein.

»Ist der Wagen dreckig«, sagt Wil. »Bist du gestern offroad gefahren?«

Jan schweigt. Nachdem er vom Betonplattenweg auf die Straße eingebogen ist, hält er an einer Brücke über den breiten, tiefen Wassergraben, der schnurgerade bis zum Horizont die Straße vom Ackerland trennt. »Bin gleich wieder da«, sagt er beim Aussteigen. Er geht auf den Acker, schlendert ein wenig durch die tiefen Furchen, den Blick zur Erde gerichtet, und kehrt erst nach fünf vieldeutigen Minuten zum Wagen zurück. Wil hat hinter dem Lenkrad Platz genommen und den Motor angelassen, um die Heizung einschalten zu können.

Bei Jans Rückkehr macht sie Anstalten, wieder auf den Beifahrersitz zu rutschen, doch er bedeutet ihr mit Gesten, dass sie seinetwegen auch fahren kann, wenn sie will, und das will sie. Schweigend beobachtet Jan, wie sie den Wagen in Bewegung setzt.

»Gestern hab ich versucht, mich zu erinnern, wie du ausgesehen hast«, sagt er. »Aber es klappte nicht. Es kam nichts.«

»Nein?« Wil ist ehrlich überrascht. »So ein Zufall ...«, sagt sie. Auch als sie sich im Hotel Jan vorzustellen versuchte, hatte sich wie vor ein paar Tagen im Zug nicht viel getan. Etwas war zwar vor ihrem geistigen Auge erschienen: seine suchenden Hände und sein harter Hintern, die sie gesehen hatte, als er mit dem einknickenden Gästebett nach vorne fiel. Doch diese Erinnerung empfand sie, und empfindet sie noch, als leer, während Jan gestern mit der Erinnerung an ein Paar Hände und einen Hintern schon ein ganzes Stück weitergekommen wäre. Wil schaut ihn an, und Jan erwidert ernst ihren Blick. Zum ersten Mal glauben die beiden, eine Erfahrung miteinander zu teilen. Eine Erfahrung von Abwesenheit nur, aber das ist mehr als nichts. Mit neuem Interesse erforscht Wil Jans Gesicht.

»Vielleicht ist es doch gut, dass du zurückgekommen bist«, sagt er. »Ich bin allein, und allein werde ich …« Doch er kann sein Bekenntnis nicht vollenden, weil der Wagen in diesem Moment intimer Ablenkung von der Straße abkommt und auf einen tiefen Graben zusteuert. Wil reißt das Lenkrad herum, der Wagen schlittert und holpert, landet aber wie durch ein Wunder wieder auf der Straße.

»Entschuldigung«, sagt sie, als sie sich von dem Schreck erholt hat.

»Okay«, sagt Jan.

»Auch wegen vorgestern«, fügt sie nach einer Weile hinzu. »Ich habe vielleicht alles etwas überstürzt. Ich werde versuchen, mich zu bremsen.«

~

Kurz danach sitzt Jan noch im Auto, während er Wil durch ein Fenster des Hotels auf die Besitzerin einreden sieht. Sie hat sie beim Abräumen des unberührten Frühstückstisches gestört, und jetzt hört die Frau, ein Brotkörbchen in der Hand, ihrem Gast zu. Wil redet und zeigt auf das Auto vor dem Fenster, woraufhin Jan schnell wegschaut, bevor der Blick der Frau auf ihn fällt. Als er glaubt, dass die Gefahr vorüber ist, und den Kopf wieder zum Hotel hin dreht, sieht er die Besitzerin, die ans Fenster getreten ist und misstrauisch sein Auto betrachtet. Jan kennt sie nicht, hätte sie aber durchaus kennen können. Von hier bis zu seinem Hof sind es nur acht Kilometer. Der Matsch an seinem Wagen lässt sie die Stirn runzeln.

Gleich darauf verlässt Wil das Hotel. Sie öffnet die Beifahrertür und sagt:»Komm, der Tisch wird gedeckt, wir frühstücken.«

»Gefällt mir nicht«, sagt Jan.

»Aber sie ist einverstanden, du darfst nur nicht mit mir aufs Zimmer.«

»Was? Hast du etwa gesagt, dass wir … was hast du ihr denn alles erzählt? Du hast ihr doch nicht gesagt, dass wir …«

»Ich habe gesagt, dass du mein Liebster bist und dass wir frühstücken wollen«, unterbricht ihn Wil.

»Liebster? Dein Liebster?!«

»Nun komm schon, lass uns frühstücken.«

»Kapierst du denn nicht, wie seltsam das ist? Kapierst du denn gar nichts?«

»Seltsam? Wie meinst du das?«

»Na, seltsam eben. Es ist seltsam. Kapier das doch!« Er schlägt mit der Hand aufs Armaturenbrett.

»Komm. Sie rechnet mit uns.«

Jan stöhnt und steigt aus. Wils Hand im Rücken, geht er zum Hotel und tritt ein. Dann bleibt er als sperrige Verkörperung unbeholfenen Protests mitten auf dem abgewetzten Teppich im Vorraum stehen und schaut durch die geöffnete Tür in den Frühstücksraum. Eine andere Tür öffnet sich, und ein Mann mit einem Bäckerkorb in der Hand betritt den Vorraum. Auf dem Weg zum Ausgang schaut er Jan einen Moment in die Augen. Er verlangsamt den Schritt, zieht die Stirn kraus, schaut von Jan zu Wil, bleibt aber nicht stehen, sondern sagt im Vorbeigehen: »Moin, Jan.« Jan nimmt eine gleichgültige Pose ein und sagt mit einer für den Raum zu ausladenden Handbewegung ebenfalls, nur viel lauter: »Moin.«

»Siehst du, das kommt davon«, zischt er Wil zu, sobald der Mann hinausgegangen ist. »Das war der Bäcker …«

Wil baut sich vor ihm auf und sagt: »Junge, entspann dich doch ein bisschen, wir haben Urlaub.«

»Sag nicht Junge zu mir«, entgegnet Jan.

Aber Wil hat ihn schon in den Frühstücksraum geschoben, wo sie an einem Fenstertisch Platz nehmen.

~

Die Hotelbesitzerin bringt einen zweiten Teller plus Besteck. »Sie müssen sich ein bisschen gedulden«, sagt sie. »Ich hatte nicht damit gerechnet.«

»Wir haben es nicht eilig«, erwidert Wil.

»Möchten Sie ein reichliches Frühstück?« Sie schaut Wil kühl an. »Oder haben Sie morgens keinen so großen Appetit? Dann wäre es doch schade.«

»Ich hätte wirklich Lust, einmal ausgiebig zu frühstücken«, antwortet Wil. »Und du, Jan?«

Jan rutscht unbehaglich auf seinem Stuhl herum. »Mir ist alles recht«, sagt er.

Die Frau wendet sich nun ihm zu. »Kommen Sie hier aus der Gegend? Es klingt ein bisschen so, wenn ich das sagen darf.«

Jan zuckt mit den Schultern und schaut Wil finster an.

»Oder sind Ihre Eltern von hier? Auch das kann man manchmal noch hören.«

»Mein Vater ja, meine Mutter nicht«, antwortet Jan.

»Sehen Sie?«, sagt die Frau. »Also doch sozusagen wieder in der Heimat. Machen Sie Urlaub?«

»Wir möchten gern ein reichliches Frühstück«, redet Wil dazwischen, »mit allem Drum und Dran, ein richtiges Bauernfrühstück, nicht wahr?«

Jan brummt.

»Gut!«, sagt die Hotelbesitzerin, dreht sich energisch um ihre eigene Achse und rückt einen Stuhl zurecht. »Kaffee oder Tee?«

»Beides«, sagt Wil. »Wunderbar.«

Die Hotelbesitzerin seufzt und verschwindet in die Küche.

Wil beugt sich ein wenig vor und schaut Jan prüfend an. »War deine Mutter nicht von hier? Das wusste ich nicht. Du hast wirklich keinen starken Akzent.«

»Fängst du auch noch davon an? Was stimmt nicht mit meiner Aussprache?«

Wil schüttelt den Kopf. »Kümmer dich doch nicht um ihr Gerede. Ich war eben nur überrascht, dass deine Mutter nicht hier aus der Gegend kam.«

»Weil ich auf einem Bauernhof lebe, muss meine Mutter auch von hier sein?«

Wil schaut ihn einen Moment schweigend an. »Um ehrlich zu sein, hatte ich das angenommen, ja«, antwortet sie dann. »Aber das muss natürlich nicht so sein.«

»Haben deine Vorfahren alle in Amsterdam gewohnt?«

»Das weiß ich nicht.« Wil lächelt. »Entschuldige.«

»Den Polder gibt es nämlich erst seit hundert Jahren.« Jan verschränkt die Arme. »Bis dahin war das alles Meer, du weißt schon, das Meer, nach dem du so verrückt bist.«

Die Hotelbesitzerin bringt eine Kanne Kaffee und eine Kanne Tee. Sie bleibt damit vor dem Tisch stehen. »Möchten Sie Tee oder Kaffee?«, fragt sie Wil.

Wil denkt nach. »Ich weiß noch nicht«, antwortet sie dann. »Stellen Sie die Kannen einfach ab. Ich gieße dann auch meinem Liebsten ein.«

»Sie bedienen sich selbst? Gern.« Mit etwas mehr Schwung als nötig landen die Kannen auf dem Tisch. »Noch ein Wunsch, was die Eier angeht?«

»So mittel, aber eher hart, wenn es nicht zu viel Mühe macht. Für dich auch, Jan?«

Jan ist mit allem einverstanden und gießt sich selbst Kaffee ein. Die Hotelbesitzerin geht hinaus.

»Ich mag sie nicht besonders«, sagt Wil.

»Dachte ich mir«, sagt Jan.

»Aber dir gefällt es hier allmählich ganz gut, glaube ich, stimmt's?«

Jan zieht die Schultern hoch und schaut durchs Fenster nach draußen, wo nichts geschieht. Ein paar Minuten herrscht Schweigen. Dann kommt die Hotelbesitzerin wieder herein, ein Körbchen mit Weiß- und Vollkornbrot, einen Ständer mit gerösteten Toastscheiben und eine Platte mit Brotbelag in den Händen. Suchend blickt sie auf dem Tisch umher und stellt das Mitgebrachte dann unbeholfen ab. »Es ist etwas weniger Platz, wegen der beiden Kannen«, erklärt sie. »Aber es muss so gehen. Schauen Sie: mittelalt, Ziegenkäse, gebratenes Gehacktes und roher Schinken. Eier kommen sofort.«

Jan und Wil betrachten die zwischen ihnen platzierten Nahrungsmittel. Die Hotelbesitzerin bringt ohne weitere Erläuterungen noch Schälchen mit allerlei Süßem, roter und gelber Marmelade, Honig, sogar Sahne. All das wird eher gleichgültig hingestellt, aber es ist nun da und wartet darauf, angebrochen zu werden oder eben nicht. Bis die Hotelbesitzerin die Eier auf den Tisch stellt und mit einem schroffen »Guten Appetit« deutlich macht, dass nichts mehr folgt, hat sich zwischen Jan und Wil sogar eine Art intimer Verlegenheit entwickelt, wahrscheinlich, weil man mit jeder Auswahl etwas über sich verrät, selbst wenn es nur um Toast mit Marmelade oder Vollkornbrot mit Gehacktem geht.

»Na, dann guten Appetit«, sagt Wil.

»Ich find's komisch«, sagt Jan, »frühstücken in Gegenwart von anderen.«

»Sind keine anderen da.« Wil deutet mit einer Armbewegung in den leeren Frühstücksraum.

»Trotzdem. Sieh mal, ich glaube, es gibt mehr Belag als Brot.«

»Tja. Fangen wir an?«

Jan nimmt eine Scheibe Weißbrot und rohen Schinken. Wil beobachtet es, schaudert kaum merklich, köpft dann resolut ihr Ei. Sie essen.

~

»Ich weiß nicht, woran ich mit dir bin«, sagt Jan. Der Frühstückstisch ist zum großen Teil leer gegessen. Ein wenig Käse, Schinken und Gehacktes sind noch da, aber kein Brot. Jan ist satt und löffelt den letzten Rest Sahne in seinen Kaffee. »Erst richtest du Chaos an und rennst weg, und dann kriechst du zu mir ins Bett«, erklärt er.

»Das war auch nach dem Frühstück, erinnerst du dich?«

»Das Theater? Ja.« Die Erinnerung an die wegschwimmenden Gefrierbeutel kommt hoch. Jans Stimmung trübt sich ein.

»Wenn ich gleich nicht aus dem Hotel rennen muss, um mich in Sicherheit zu bringen, sind wir einen Schritt weiter, dann kommen wir schon besser miteinander aus als vorgestern, glaube ich.«

Jan schaut sich um. »Die Gefahr besteht hier kaum.« Er rutscht mit dem Stuhl zurück, um aufzustehen.

Doch Wil beugt sich vor und legt die Hand auf seinen Unterarm. »Deshalb will ich noch einen Moment bleiben«, sagt sie. »War das für dich das erste Mal heute Morgen? Komm, bleib noch sitzen.«

Jan wirft einen Blick auf die Küchentür und sieht, dass die Hotelbesitzerin durch ein rundes Fensterchen in den Frühstücksraum späht. »Sie beobachtet uns, wir gehen besser«, sagt er. Wil will aber nichts davon hören. »Noch einen Moment. Ich möchte noch ein bisschen reden. Lass sie doch, bleib in Ruhe sitzen. Ich hab gefragt, ob es für dich das erste Mal war heute Morgen.«

»Ich bin vorher nie in einem Hotel gewesen, nein«, antwortet Jan.

»Ich meinte, heute Morgen im Bett, ob das dein erstes Mal gewesen ist.«

»Ach das«, sagt er und schweigt. Wil schaut ihn fragend an, und er schaut sie an, vor allem ihre Nase und ihr Haar. »Warum klammerst du das Haar so fest? Das macht mich nervös.«

Ein Anflug von Ärger erscheint auf Wils Gesicht. »Wieso nervös, ich darf doch wohl mit meinem Haar machen, was ich will?«

»Du willst wissen, ob ich's schon mal gemacht hatte, und ich darf nichts über dein Haar sagen?«

»So wird das nie ein Gespräch«, sagt Wil, plötzlich bissig. »Ich möchte einfach ein bisschen über dich wissen. Du durftest mich bespringen, dann darf ich dir jetzt Fragen stellen, das ist doch klar, oder?« In einem Anfall von Ungeduld schlägt sie auf den Tisch, die Tassen klirren. »Warum machst du aus allem ein Problem?«, schnauzt sie. »Du hast diese Anzeige doch nicht ohne Grund aufgegeben? Es ist doch das, was du wolltest?!«

»Bespringen?« Jan schaut sie gekränkt an.

»Na ja, entschuldige, aber darauf lief's doch hinaus.«

Jan weiß einen Moment nicht, was er sagen soll. »Also, ich weiß es nicht genau, ich hab noch halb geschlafen und dachte, oder ich dachte eigentlich nichts, aber ich wusste ja nicht, dass du … war es so schlimm?«

»Ach, vergiss es«, sagt Wil. Sie reibt über die Stelle, auf der eben ihre Faust gelandet ist. »Du hast bestimmt gedacht, ich wäre jemand anders.« Sie schweigt, von ihren eigenen Worten verwirrt.

Jan betrachtet wieder ihr Gesicht, ihre Nase, ihre Frisur. »Du bist so streng, wenn du das Haar so hast.« Er zuckt mit den Schultern. Er will etwas hinzufügen, schluckt es hinunter, sagt es dann aber doch: »Wenn du dein Haar löst, erzähle ich dir alles.«

»Verdammt, jetzt das wieder«, sagt Wil.

Die Hotelbesitzerin kommt herein. »Fertig?«, fragt sie.

Wil dreht sich abrupt zu ihr hin. »Ich hätte gern noch eine Kanne Tee und eine Kanne Kaffee für uns beide, und noch einmal die gleiche Menge Toast. Es war mehr Brotbelag als Brot da, und es wäre doch schade, etwas wegzuwerfen, finden Sie nicht?«

Wils scharfer Ton hat die Hotelbesitzerin ein wenig erschreckt. »Tsss«, macht sie und sucht das Weite.

»Und du …« Wil wendet sich wieder Jan zu, »du musst dir klarmachen, dass ich hier bin, um nicht nur in mein, sondern auch in dein Leben Ordnung zu bringen, dass ich es satthabe, mir von anderen vorschreiben zu lassen, was ich zu tun habe, und deshalb will ich, dass wir jetzt und hier an diesem Frühstückstisch über uns und den Hof verhandeln! Ja?!«

Jan nickt. »Kann sein«, sagt er. »Aber wenn du dein Haar löst, redet es sich besser, und wenn du's nicht tust, wird das nichts mit dem Verhandeln. Nicht, weil ich es nicht will, sondern weil ich es nicht kann. Ich bin's nicht gewohnt, viel zu reden.« Er nickt erneut.

Ein bedrohliches Schweigen tritt ein. Wil starrt auf die Tischplatte, Jan hat die Arme verschränkt.

»Außerdem hast du schönes Haar«, fügt er hinzu.

»Demütige mich nicht«, sagt Wil.

Die Hotelbesitzerin kommt herein. »Kaffee und Tee«, sagt sie. »Kann ich die alten Kannen mitnehmen?« Sie bekommt keine Antwort.

Als sie wieder allein sind, fasst Wil sich als Erste. »Ich tue es nicht«, erklärt sie.

Jan schaut zur Decke hinauf. »Komm mit, dann fahren wir nach Hause«, sagt er. »Ich fühle mich hier immer noch nicht wohl.« Er steht auf, zieht seine Jacke an und bleibt auf halbem Weg zur Tür aufbruchbereit stehen, die Hände in den Taschen. »Zu Hause ja«, sagt er. »Da fühle ich mich meistens ganz gut.«

Die Hotelbesitzerin bringt das Toastbrot. Wil weiß nicht, was sie tun soll.

»Du kannst auch hierbleiben, die Toastscheiben aufessen, den Bus nehmen und nach Diemen fahren«, sagt Jan. »Aber ich hätte dich lieber zu Hause.«

Wil ist in einem ernsthaften Dilemma. »Das ist nicht das, was ich mir vorgenommen hatte«, sagt sie. Sie wirft der Hotelbesitzerin einen Blick zu, der fast eine Bitte um Rat ist, doch die schaut weg und schwenkt den Toastständer hin und her. »Möchten Sie die Rechnung?«, fragt sie, ohne Wil anzusehen.

Wil trommelt mit den Fingern auf dem Tisch. Dann greift sie an ihren Hinterkopf und löst mit einem wütenden Ruck die Haarklammer. Während ihr Haar langsam herabfällt, schaut sie Jan an.

»Komm«, sagt er. »Ich erzähle dir alles.«

VI

NICHTS SAGEN

Es verspricht ein herrlicher Tag zu werden. Auf dem Weg vom Hotel nach Hause zeigt Jan auf die einzelnen Bauernhöfe und sagt Wil, wer dort wohnt. Wil hört schweigend zu. Allmählich weicht der Trotz in ihrem Gesichtsausdruck einem widerwilligen Interesse. Als sie den alten Seedeich überquert haben und auf dem neuen Land nur noch Leere ist und am Horizont Jans Bauernhaus in der Vormittagssonne vor dem Deich steht und der Bauernsohn über nichts mehr etwas sagen könnte außer über sein Zuhause und die Leere ringsum und deshalb verstummt, ergreift Wil das Wort.

»Ich habe nachgedacht«, sagt sie. »Vielleicht ist es am besten, wenn wir einfach nicht zu viel miteinander reden, denn bis jetzt hat es dann immer nur Ärger gegeben.«

»Vorhin wolltest du noch alles Mögliche wissen.«

»Das will ich immer noch, und es freut mich, dass du versprochen hast, alles zu erzählen, aber danach, wenn wir ein paar Vereinbarungen getroffen haben, sollten wir's vielleicht erst mal mit Schweigen versuchen. Wer weiß, vielleicht arbeiten wir ja sehr gut zusammen, und nur das Reden verdirbt alles.« Wil lächelt und legt sogar kurz die Hand auf Jans Schulter.

»Das wäre doch kein großer Unterschied zu früher. Oder hast du mit dir selbst geredet, als du allein warst?«

Jan denkt nach. »Ich finde, du fragst immer zu schwierige Sachen«, antwortet er dann.

»Ach.« Wil wedelt etwas weg und blickt über die Äcker in Richtung Hof. »Halt hier mal an«, sagt sie plötzlich. Jan lenkt den Wagen vorsichtig an den Rand. »Als ich heute Morgen hierherging, kam mir das Land endlos vor, aber jetzt sehe ich, dass es am Nebel lag, ich konnte nichts sehen, und deshalb ist meine Fantasie mit mir durchgegangen. Jetzt hat man ringsum freie Sicht, und was ist? Von wegen Endlosigkeit.«

»Das meinte ich«, sagt Jan. »Du machst alles zu kompliziert.«

»Ich will nur, dass zwischen uns alles klar ist, verstehst du?«

Auch Jan lässt nun seinen Blick über das Land schweifen. »Trotzdem machst du alles zu kompliziert«, sagt er. »Und glaub nicht, dass ich nicht über das Land hier nachgedacht hätte. Und ob ich das hab. Ich bin mein Leben lang hier rumgelaufen und mit dem Rad oder dem Traktor gefahren, hab hier gearbeitet. Ich kenne diesen Polder. Ich weiß, wie schwer der Kleiboden ist, ob man schon Klümpchen draus kneten kann oder ob er noch zerfällt, wie stark er sich setzt. Ich kann sehen, ob der Frost raus ist oder noch nicht, ob ich schon pflügen kann oder noch eine Stunde warten muss. Praktische Dinge, mit denen ich was anfangen kann. Über alles, was weniger praktisch ist, hab ich mir auch schon Gedanken gemacht, aber davon ist nie viel hängen geblieben.« Jan schüttelt den Kopf. »Und das ist kein gutes Zeichen. Ich kann mir anderes nämlich ausgezeichnet merken.«

»Findest du das Land hier denn nicht schön?«

»Doch.«

»Warum?«

»Warum, warum, was soll man darauf antworten?«

»Werd doch nicht gleich böse. *Was* findest du schön an dem Land?«

Jan seufzt und blickt wieder über die Äcker. »Was weiß ich«, sagt er. »Hier ist wenigstens Platz.« Er schweigt. Dann deutet er in Richtung Himmel und erklärt: »Siehst du den vielen Himmel? Weißt du, wann ich zufrieden bin? Wenn ich diesen Himmel sehe und denke: Das ist der Himmel, und das hier bin ich. Reicht das?«

~

»Wir sollten wirklich alles deutlich benennen und klare Vereinbarungen treffen«, beginnt Wil. Sie haben sich an den Küchentisch gesetzt. Wil hat ihrem Rucksack einen Schreibblock entnommen. »Ich habe gestern im Hotelzimmer eine Liste geschrieben, und die gehe ich jetzt mal durch, damit ich nichts vergesse und auch damit wir später, zum Beispiel wenn es irgendein Missverständnis gibt, immer nachsehen können, was wir vereinbart haben.« Sie schlägt den Schreibblock auf. Eine von oben bis unten in regelmäßiger Handschrift vollgeschriebene Seite wird sichtbar. »Hier sind meine Ausgangspunkte und hier …«, sie blättert weiter, »… meine Möglichkeiten und Unmöglichkeiten, hier meine Wünsche und hier meine Empfindlichkeiten. Ich habe mich um Vollständigkeit bemüht.« Sie schaut kurz zu Jan auf, der unbeteiligt auf den Schreibblock starrt, streicht über die Seite und sagt: »Im Grunde ist das also Wil. Ich glaube, wir machen es am besten so: Ich lese vor, und wenn ich fertig bin, hast du eine klare Vorstellung davon, was meine Ziele sind und warum es meine Ziele sind. Dann bist du an der Reihe.« Sie blickt ihn wieder an. »Wenn du etwas mehr Zeit brauchst, setzt du dich einfach mal einen Tag hin und schreibst deine Punkte auf. Die liest du dann mir vor. Anschließend legen wir beides nebeneinander und schauen mal, ob irgendwo Abstriche gemacht werden müssen und wer das am besten tun soll. Wenn wir uns geeinigt haben, halten wir das Ergebnis schriftlich fest, und das ist dann unser Vertrag. Ich schlage vor, wir sprechen im Voraus ab, möglichst konstruktiv zu sein, wenn der andere seine Ziele und seine Person vorstellt, damit wir uns gegenseitig nicht unnötig entmutigen, immerhin geben wir ja sehr viel von uns preis. Denn Ehrlichkeit scheint mir in diesem Stadium extrem wichtig zu sein. Dir auch?«

Jan schüttelt den Kopf.

»Findest du das hier etwa auch komisch?«, fragt Wil.

»Nicht normal jedenfalls«, gibt Jan zu.

»Ich habe gelernt, so vorzugehen, es ist zuerst sehr gewöhnungsbedürftig, aber wenn man es konsequent durchhält, bringt es einem auch wirklich viel. Ich war eine Zeit lang in Therapie, und da habe ich auch alles aufgeschrieben, was ich tat und warum und ob ich meine Aufgaben erledigt hatte.«

»Therapie?« Jan schaut sie misstrauisch an. »Du warst bei einem Psychiater?«

»Einem Psychotherapeuten, ja, und das hat mir sehr geholfen.«

»Was hattest du denn?«

»Ach Gott, Jan, ich war unglücklich. Oder findest du das auch komisch?«

»Nein, nein, aber dass man dann zu einem Psychiater geht, das schon.«

»Ich bin nicht verrückt. Oder muss man verrückt sein, um unglücklich zu sein?«

Jan macht eine abwehrende Geste. »Es ist nur anders, als ich erwartet hatte. Ich dachte, du wolltest mich fragen, ob das heute Morgen mein erstes Mal war und so, und jetzt kommst du mit einer langen Liste mit allem Möglichen drauf.«

»Du bist nicht einverstanden?« Wil klappt ihren Schreibblock zu. Sie trommelt mit den Fingern auf der Tischplatte.

»Na, lies schon vor, Wil, ich höre.«

Wil schlägt den Schreibblock wieder auf, fasst ihr Haar zu einem Pferdeschwanz zusammen, befestigt ihn mit einer Klammer und fängt an. »Wie gesagt habe ich zunächst meine Ausgangspunkte zusammengestellt, soweit man die selbst kennen kann, heißt das natürlich, aber so, wie sie hier stehen, hab ich ein gutes Gefühl. Ausgangspunkt eins: Man kann im Leben nicht glücklich werden. Glück ist daher kein erstrebenswertes Lebensziel. Das Streben nach Glück führt nur zu Enttäuschungen. Ich bin deshalb nicht gekommen, um glücklich zu werden. Ausgangspunkt zwei: Man braucht im Leben nicht immer nur unglücklich zu sein. Bleibendes Unglücklichsein muss niemand hinnehmen. Ich bin deshalb auch nicht gekommen, um unglücklich zu werden.« Sie legt eine kurze Pause ein. »Auf den Gedanken bin ich ehrlich gesagt ein bisschen stolz«, sagt sie dann und schaut zu Jan auf, der ihren Blick so neutral erwidert, wie er kann. »Ach, möchtest du vielleicht ein Blatt Papier?«, fragt sie.

»Wofür?«, fragt Jan.

»Na, um etwas aufzuschreiben, wenn dir was einfällt. Das ist vielleicht besser, als mich immer wieder zu unterbrechen.«

»Keine Sorge.« Jan verschränkt die Arme. »Ich sag nichts.«

»Gut, Ausgangspunkt drei: Man muss vor allem für sich selbst sorgen und kann nur auf sich selbst vertrauen, aber, und das ist Ausgangspunkt vier: Deshalb braucht man nicht unbedingt allein zu sein. Manchmal ist es sogar praktischer, nicht allein zu sein. Verstehst du, was ich sagen will? Ich meine, wir können uns dafür entscheiden, zusammenzuleben, damit es jedem für sich besser geht. Ich komme also nicht in erster Linie um deinetwillen her, sondern um meinetwillen. Ich möchte das nur klarstellen. Das gilt natürlich nicht nur für mich, sondern auch für dich.«

»Ich war schon hier«, murmelt Jan.

»Ausgangspunkt fünf: Liebe ist Augenwischerei. Aber das Verlangen bleibt natürlich, deshalb macht man es am besten erfüllbar und geht es ganz nüchtern an. Das darfst du nicht persönlich nehmen«, erklärt sie mit einer wegwerfenden Armbewegung, ohne aufzublicken. »Und zum Schluss Ausgangspunkte Nummer sechs und sieben: Die Vergangenheit ist dazu da, vergessen zu werden, und nicht, sich wegen ihr verrückt zu machen, und: Man muss die eigene Zukunft gestalten und sie nicht einfach über sich kommen lassen. So. Das war das. Jetzt die Möglichkeiten und Unmöglichkeiten …«

Wil blättert um. Jan wendet den Blick ab und schaut aus dem Küchenfenster.

»Was kann ich, was kann ich nicht. Ich fange mit dem an, was ich nicht kann. Selbstverständliches habe ich weggelassen, ich kann zum Beispiel keinen landwirtschaftlichen Betrieb führen, aber so etwas ist eigentlich ohnehin klar. Bei dem, was ich aufgeschrieben habe, geht es eher um Dinge, die uns beide betreffen, ich meine: im Umgang miteinander, in der Organisation unseres Zusammenlebens.«

Jan räuspert sich, setzt sich anders hin.

»Also, äh, ich kann nicht … Moment, es ist eine ziemlich lange Liste, äh, ich kann, glaube ich, nicht an Gott glauben, ich kann nicht lange an einem Stück lügen, ich kann Gesellig-

keiten mit vielen Leuten nicht ertragen, ich kann Kosmetik-
gerüche nicht vertragen, ich kann keinen Alkohol vertragen,
ich kann keine Schalentiere und Tintenfische essen, ich kann
keine Familiendramen ertragen.« Wil macht eine kurze Pause
und lässt beim Weitersprechen ihre Hand kreisen, als würde
sie Bekanntes herunterleiern:»Ich meine diese endlosen, lus-
tigen Fernsehserien, bei denen in einer Familie immer irgend-
welche Dinge beinahe schiefgehen. Die machen mir Angst.
Also weiter, ich kann nicht gut mit Enttäuschungen umgehen,
ich kann nicht tanzen, und ich kann nicht ausschlafen. Punkt.
Das waren die Unmöglichkeiten. Jetzt, was ich kann. Hörst du
zu?«

Jan ist aufgestanden. Er verlässt die Küche und lehnt sich
im Flur, für Wil unsichtbar, mit geschlossenen Augen an die
Wand. »Mach ruhig weiter, ich höre dich gut. Ich kann nicht
still sitzen, das ist alles.«

»Okay«, sagt Wil. »Die Liste, die jetzt kommt, gefällt mir
besser. Pass auf. Was ich alles kann. Intellektuelles und Krea-
tives hab ich übrigens weggelassen, denn, na ja, das ist doch
eher etwas ganz Persönliches und spielt zwischen uns nicht
wirklich eine Rolle, glaube ich, oder? Los geht's: Ich kann kochen, ich kann kleine handwerkliche Arbeiten erledigen, ich
kann ein Haus wohnlich machen, ich kann Ordnung schaffen,
ich kann Ausgaben managen, ich kann aus nichts Geld machen,
ich kann stundenlang spazieren gehen, ich kann, wenn man
mich in Ruhe lässt, ausgezeichnet für mich selbst sorgen und
mich allein vergnügen, ich kann zur richtigen Zeit, wenn ich es
mir vorgenommen habe, genießen, was ich tue, ich kann, und
darauf bin ich stolz, denn das stand erst in der Liste mit den Sachen, die ich nicht kann, ich kann zuerst darüber nachdenken,
was ich tun sollte, und es dann auch wirklich tun, ich kann

Nein sagen (auch so etwas), und ich kann mich an Vereinbarungen halten. That's me.«

Völlig von ihrer Liste in Beschlag genommen, hat Wil nicht gemerkt, dass Jan sich entfernt hat. Er steht nicht mehr in Hörweite im Flur. Er ist in die Scheune zum dort gelagerten elterlichen Hausrat gegangen, nimmt ein paar Umzugskartons vom Stapel und öffnet sie.

»Wünsche«, sagt Wil in der Küche, »man könnte auch sagen: Ziele, aber nur Ziele, die ich wirklich gern erreichen möchte, denn wenn mir das gelingt, kann ich es auch richtig genießen, verstehst du? Ich habe lange darüber gebrütet, weil ich gelernt habe, keine Luftschlösser zu bauen, sondern mich immer zu fragen, ob ein Ziel auch erreichbar ist. Trotzdem, trotzdem … na ja, hör's dir einfach an. Es sind nur drei übrig, nach langem Abwägen von Plus und Minus. Nummer eins: Das ist mein eigenes Zuhause, damit meine ich natürlich, dass ich diesen Bauernhof zu meinem Zuhause machen will, aber auch, dass ich hier ein Zimmer für mich allein haben will, in dem ich ungestört sein kann, wenn ich möchte, mit einer Tür, die ich abschließen kann. Nummer zwei: nach niemandes Pfeife tanzen müssen, also selbst entscheiden, was ich tue, und das dann auch wirklich tun. Nichts Neues, trotzdem ist es wichtig, das hier noch einmal zu erwähnen.« Sie kichert kurz. »Ich *kann* ja nicht mal tanzen. Nummer drei: Ich will ein Schlafzimmer haben, meinetwegen auch für uns zusammen, Jan, äh, mit Aussicht aufs Meer und mit dem Licht vom Leuchtturm, das durch die Vorhänge scheint. Aber das wusstest du ja auch schon. Was ist eigentlich damit? Jan? Das braucht dir doch nicht die Sprache zu verschlagen, es sind nur Vorschläge, wir können ja darüber reden. Jan?«

Jan betritt in diesem Moment die Küche, einen großen Karton in den Armen. Schweigend stellt er ihn auf den Tisch und setzt sich. »Fertig?«, fragt er, als er merkt, dass Wil ihn anschaut.

»Beinahe«, sagt Wil. »Ich habe noch ein paar Empfindlichkeiten, ohne die ist das Bild doch nicht vollständig, finde ich. Was ist das für ein Karton?«

»Bücher, glaube ich, Fotos, Sachen von früher.«

»Muss das jetzt sein?«

»Du kannst einfach weitermachen, ich packe nur was aus, ich sag nichts.« Jan öffnet den Karton und nimmt einen großen braunen Umschlag heraus, der mit einem Bindfaden verschnürt ist. Als Wil still bleibt, blickt er auf und erklärt: »Sehr alte Briefe, aber das spielt keine Rolle, also sprich ruhig weiter, ich höre alles, was du sagst.« Er schaut wieder in den Karton.

»Ich lege hier meine ganze Seele offen, und du stöberst in einem alten Karton.«

»Kümmer dich nicht drum«, sagt Jan und zieht mit beiden Händen ein großes schwarzes Buch aus dem Karton. »Die Bibel«, sagt er, während er das Buch vorsichtig auf den Tisch legt. »Wo du doch gerade von Seele sprichst«, fügt er hinzu. Dann greift er erneut tief in den Karton und entnimmt ihm eine schwere, silberne Tabakdose.

Wil starrt mit geballten Fäusten auf den Schreibblock vor ihr. Sie schnaubt laut durch die Nase und deklamiert dann: »Empfindlichkeit eins: alles, was mit Vätern, Müttern und Familie zu tun hat. Empfindlichkeit zwei: alles, was mit sogenannter Korrektheit zu tun hat. Empfindlichkeit drei: jede Art von starr und hirnlos ausgeübter Macht, und Empfindlichkeit vier: alles, was darauf hindeutet, dass ich ignoriert, unterschätzt oder nicht ernst genommen werde, verflucht noch mal!« Mit einer heftigen Armbewegung fegt sie den Schreibblock vom Tisch, schreit: »Arschloch!«, und schlägt die Hände vors Gesicht.

»Vorsicht«, sagt Jan, »das sind alte Fotos, sieh mal ...«

Doch Wil sieht nichts mehr. Zusammengekrümmt sitzt sie auf dem Stuhl und stützt die Stirn in die Hände.

~

Jan kramt in den Heiligtümern seiner Vorfahren. Der Mann auf dem gerahmten Porträtfoto, das er langsam aus dem Karton holt, ist sein Ururgroßvater, der Vater des Vaters des Vaters seines Vaters, ein stattlicher Mann mit einem würdigen Backenbart fast bis zum Kinn und dem selbstbewussten Blick eines angesehenen und vermögenden Großbauern des späten 19. Jahrhunderts. Darunter liegt das Foto seiner Frau: ein breites, grobes Gesicht, eingerahmt von einer weißen Haube mit glänzenden und spiegelnden Edelmetallverzierungen, die von der Stirn fast bis auf Augenhöhe herabhängen. Die Bibel, auf der Jan die Rahmen mit den Fotos vorsichtig ablegt, stammt genau von diesem Ehepaar. Still liegt das Buch vor dem Bauernsohn auf dem Tisch, mit Schlössern hermetisch verschlossen, schwer und dick: die Lebensprinzipien.

Außer den Briefen im braunen Umschlag gibt es zwei verschnürte Stapel. Beide alt, beide mit Briefen von Männern, die aus dem Paradies vertrieben wurden. Die im ersten Stapel stammen vom jüngeren Bruder des Ururgroßvaters. Sie wurden aus den Vereinigten Staaten verschickt und enthalten neben Geschriebenem auch Zeichnungen von Häusern und Werkzeugen und ein paar getrocknete, inzwischen fast zu Staub zerfallene Blumen und Blätter. Die Briefe im zweiten Stapel wurden von Jans Urgroßvater geschrieben, auch er ein zweiter Sohn, aber eine Generation näher. Am Anfang jedes Briefes steht vor dem Datum der Ortsname Hamburg. Jan erkennt sie und nimmt sie behutsam in die Hände. »Ich weiß schon, was ich dir erzählen muss«, sagt er. »Aber dafür brauche ich noch was anderes. Ist bestimmt auch hier drin. Mal sehen.« Seine Hand taucht vorsichtig in den Karton und holt ein Fotoalbum hervor. Er blättert eine Weile darin. »Aha«, sagt er. Wil lässt gegen ihren Willen einen trockenen Schluchzer hören. Jan schaut auf.

»Na komm, nicht weinen«, sagt er. »Das hier ist meine Liste. Ich werde versuchen, dir eine Geschichte zu erzählen.«

Und er steht auf, stellt sich hinter Wils Stuhl, legt seine harten Hände auf ihre Schultern, lässt seine Finger nicht allzu kräftig zugreifen und sich wieder entspannen, sodass es sowohl etwas Drohendes als auch Tröstliches hat. Wil weiß anscheinend nicht, ob sie es abwehren oder zulassen soll, denn sie sagt: »Du lässt mich hier reden, und wenn es dir passt, was ich sage, umso besser, aber wenn's dir nicht gefällt, gehst du weg. Wie soll ich denn ... woher soll ich wissen ... du musst auch was tun, ich kann hier doch nicht alles allein machen! Du musst auch was sagen.« Und noch ist ihr innerer Kampf nicht vorbei, aber sie beherrscht sich, sie schweigt wieder und kämpft und wirft die Schultern hoch, aber nicht wild genug, um seine Hände abzuschütteln. Jan nickt.

»Wenn du wieder in Ordnung bist, musst du mal rumkommen und dir was ansehen«, sagt er und massiert mit den Daumen die Muskeln in ihrem Nacken, behutsam, drängend, stark. »Du hast gefragt, ob es für mich das erste Mal war heute Morgen«, fährt er fort, als Wils Gemütsregung an Heftigkeit nachzulassen scheint, obwohl sie weiterhin die Stirn in die Hände stützt. »Nein, es war nicht das erste Mal. Ich hatte eine Freundin. Sie hieß Gré und wohnte auf De Pionier. Wir sind heute Morgen da vorbeigefahren. Ich war achtzehn. Ich kannte sie von der Schule. Sie war sehr schlecht in Sport, sie hatte steife

Beine. Meine Mutter hielt nichts von Gré. Sie sagte, ihr Mund würde immer offen stehen und sie würde nach Silofutter riechen. Meine Mutter war nicht von hier.«

Wil hustet und strafft sich. »Und mit ihr hast du's gemacht?«

»Ja.«

»Und dann hat deine Mutter die Sache beendet?«

Jan denkt nach. »Sie hat uns verboten, es hier zu machen«, erklärt er. »Nicht unter meinem Dach, hat sie gesagt.« Jan nickt. »Ich hab Gré manchmal trotzdem mit auf mein Zimmer genommen, und dann haben wir auf dem Bett gelegen und ein bisschen gefummelt und so, möglichst leise, aber dann kam doch meine Mutter rein und sagte wieder, unter ihrem Dach nicht.« Jan zieht die Schultern hoch. »Und irgendwann hatte Gré genug davon und hat mit mir Schluss gemacht. Meine Mutter war natürlich froh.« Jan lächelt. »Gré hatte mir ein Bäumchen geschenkt, so eins für drinnen, ungefähr so groß.« Jan lässt Wil los und hält eine Hand in Brusthöhe. »Es stand in meinem Zimmer. Als Gré nicht mehr kam, hat Mutter das Bäumchen neben dem Haus verbrannt. So froh war sie.«

»Was?«, sagt Wil. »Verbrannt? Wieso, hattest du es weggeworfen?«

»Nein, ich war einfach nicht da, es war damals mein erstes Jahr in der Landwirtschaftsschule, ich werde also in der Stadt gewesen sein. Jedenfalls hat sie es aus meinem Zimmer geholt. Als ich nach Hause kam, sagte sie, sie hätte es verbrannt und sie wäre so froh, dass Gré nicht mehr wiederkommt.«

»War das denn nicht schlimm für dich?«

»Schlimm?« Jan schaut sie beinahe verwundert an. »Natürlich fand ich das schlimm.« Er schnaubt durch die Nase, grimmig. »Aber nicht so schlimm wie das mit dem Essen, das du ins Meer geschmissen hast. Das war noch schlimmer.« Er schaut kurz aus dem Küchenfenster, schüttelt den Kopf. »Ist nun mal geschehen«, sagt er. »Außerdem ...« Er wendet sich Wil mit einem harten Lächeln zu: »Meine Mutter war einfach froh, und dann tut man so was. Es war nur ein Baum, Wil.« Er klopft ihr auf die Schulter und sagt: »Ich glaube, es geht dir wieder besser, oder? Kommst du?«

~

Sie sind zur anderen Seite des Tisches gegangen und betrachten die alten Fotos. »Ich bin es nicht gewohnt, viel zu erzählen«, sagt Jan, »aber ich will doch versuchen, dir zu erklären, warum ich dir das zeige. Bald muss ich wieder arbeiten, dann hab ich weniger Zeit. Im Augenblick hätten wir genug, aber anscheinend muss es jetzt gleich sein.« Er nickt und räuspert sich.

»Ich hatte dich dazu gebracht herzukommen, aber dann haben wir uns gezofft, und ich wollte dich nie wiedersehen. Als du dann weg warst, wurde mir aber ganz komisch. Und gestern Abend, im Bett, tat es mir leid, dass ich dich weggejagt hatte. Ich dachte: Morgen rufe ich sie an. Nun bist du mir zuvorgekommen. Das finde ich zwar nicht so toll, aber anscheinend soll es so sein. Und nicht nur, weil du zurückgekommen bist, sondern auch ... hier, das ist mein Ururgroßvater.« Jan hält ihr das gerahmte Foto hin. »Meine Eltern hatten diese Fotos bei ihrem Umzug ins Dorf mitgenommen. Als die Sachen nach dem Unfall zurückgebracht wurden, hab ich sie in der Scheune gelassen, weil ich nicht wusste, ob ich sie wieder im Haus haben wollte. Aber ich glaube schon, dass ich ...« Jan runzelt die Stirn und betrachtet eine Weile still das Porträt. »Sie gehören hierhin, im Grunde ist das gar nicht meine Entscheidung«, fährt er fort, »auch wenn dieser Mann nie hier gewohnt hat. Er wohnte am

Diep, auf halbem Weg zur Stadt, aber seinen Hof gibt es nicht mehr. Und als dieser Hof gebaut wurde, war er schon tot.« Jan legt das Foto weg, nimmt das Album und schlägt es auf. »Er hatte zwei Söhne und eine Tochter. Sieh mal.« Er zeigt auf ein Gruppenbild von neun Personen, die meisten fröhlich lächelnd, alle in Schwarz, aber fast alle mit Blumen auf den Hüten oder an den Revers.

»Das bist du«, sagt Wil und zeigt auf einen Mann in den besten Jahren, vorn in der Mitte. Und wirklich, da sitzt Jan, allerdings ein knappes Jahrhundert früher, mit einem blassblonden Schnurrbart und weit abstehenden Ohren.

»Nein, das bin ich nicht«, entgegnet Jan, und ein Anflug von Ärger verfinstert kurz seine Miene. »Das ist der älteste Sohn von dem Mann auf dem ersten Bild, von meinem Ururgroßvater. Also der ältere Bruder von meinem Urgroßvater. Dies ist sein Hochzeitsfoto, von der Hochzeit mit seiner zweiten Frau. Die erste war an Tuberkulose gestorben. Mir geht es aber um ihn hier.« Jan zeigt auf einen anderen Mann, rechts in der zweiten, stehenden Reihe. Er ist der Einzige ohne Blume am Jackett, sein halblanges Haar ist in der Mitte gescheitelt, er hält seine Taschenuhr in der Hand, als hätte er es eilig. »Das ist mein Urgroßvater«, erklärt Jan. »Gerade aus Hamburg gekommen. Er war der zweite Sohn, als junger Mann musste er deshalb den Hof verlassen, denn den bekam nun mal der Älteste.« Jan zeigt auf den Bräutigam. »Was dann? Mein Urgroßvater wollte auch gerne Bauer sein, glaube ich, auf jeden Fall hat er nicht noch was anderes gelernt, sondern ist nach Hamburg, in Deutschland, gegangen, vielleicht hatte er vor, von da nach Amerika auszuwandern, wie sein Onkel es getan hatte. Aber dazu ist es nie gekommen. Er blieb in Hamburg, ist da meiner Urgroßmutter begegnet, fand Arbeit und hat geheiratet. Hier, das ist sie.« Er zeigt auf eine stämmige Frau, die in der vorderen Reihe rechts außen sitzt: schwarze Handschuhe, aufgequollene Wangen, halb geschlossene Augen, heruntergezogene Mundwinkel. Auf ihrer Schulter die freie Hand von Jans Urgroßvater. »Sie ist später verrückt geworden und in der Anstalt gestorben. Wahrscheinlich wegen irgendwas, das in Hamburg passiert ist. Es heißt, sie hätte ein Jahr nach der Übersiedlung in die Niederlande einen Brief aus Hamburg von ihrer Mutter bekommen, und als sie den gelesen hat, soll sie den Verstand verloren haben.«

»Woher weißt du das alles?«, unterbricht ihn Wil. »All diese Verwandten ...« Sie kreuzt die Arme vor der Brust und legt die Hände auf ihre Schultern, wie um etwas abzuwehren, einen Schlag, oder eine Erinnerung.

»Von meinem Vater«, antwortet Jan. »Er hat es mir an einem Nachmittag erzählt, als meine Mutter nicht da war. Ich hatte dieses Album in einer Schublade gefunden und saß damit auf dem Boden. Mein Vater hockte sich zu mir und sah sich mit mir die Fotos an.« Jan schweigt einen Moment und blättert weiter. »Spielt auch keine Rolle«, sagt er. »Was ich sagen wollte, ist, dass mein Urgroßvater der Erste war, der eine Frau von außerhalb geheiratet hat. Sie bekamen einen Sohn – das war dann mein Opa – und, kurz nachdem man sie in die Anstalt gebracht hatte, noch eine Tochter. Was aus der geworden ist, weiß ich nicht. Ah ja, hier, das ist mein Opa.« Jan zeigt auf das Foto eines Babys, ungefähr ein Dreivierteljahr alt, das auf einem Fell in einem Korbsessel sitzt. Stupsnäschen, eine Haartolle auf dem Kopf, abstehende Ohren, weißes Kleidchen. »Das ist noch in Hamburg aufgenommen worden, siehst du? Aber hier, auf diesem ist er etwas älter. Da steht er vor dem Bauernhof am Diep. Mein Urgroßvater hat ihn bei seinem älteren Bruder gelassen und sich dann aus dem Staub gemacht. Das muss man sich mal vorstellen: Er selbst durfte nicht auf dem Hof bleiben, aber sein Sohn, mein Opa, ist da aufgewachsen. Na ja, was soll's.« Jan blättert weiter und hat nun seinen Großvater als jungen Mann vor sich, Mütze auf dem Kopf, zwischen Getreidegarben an einem warmen Sommertag irgendwann Anfang der Zwanzigerjahre. »Ich hab manchmal gedacht«, sagt er und wirft einen raschen Blick auf Wil, die das Foto anstarrt, »man kann zwar sagen, dass er da als eins von den Kindern aufgezogen wurde, aber er war doch anders, ein Außenseiter. Hier …«, Jan blättert um, »… das ist sein Hochzeitsfoto. Er hat auch kein Mädchen von hier geheiratet, sondern eine Belgierin. Ich glaube, sie war während des Ersten Weltkriegs von da geflüchtet oder so, jedenfalls ist er ihr begegnet, und, wie soll ich sagen … sie war außerdem katholisch, und soweit ich weiß, war das ein Problem. Ich glaube, für meine Oma zählte am Anfang nur mein Opa und nicht seine Familie oder ihre Familie oder ihre Religion. Sie waren diejenigen, die sich hier auf dem Polder niedergelassen haben. Im letzten Krieg ist sie an einem Wintertag aufs Watt rausgegangen und da geblieben. Nicht ertrunken, es war Ebbe. An Entkräftung gestorben oder so, oder erfroren. Vielleicht war es ein Unfall, vielleicht auch nicht. Wahrscheinlich hat sie es unterschätzt, das Leben hier. Es ist schwer, mit den Leuten in Kontakt zu kommen, wenn man nicht von hier ist. Als sie starb, wohnten sie schon über zehn Jahre auf diesem Hof. Aber mein Opa ist alt geworden, der hat hier noch gewohnt, als ich klein war.« Jan richtet sich gerade auf. »Man kann sich gar nicht vorstellen, wie diese Menschen früher geschuftet haben: noch viel Handarbeit, die Bückerei, lange Tage, der Kleiboden … aber es gab immer viele Leute hier, Landarbeiter. Das schon … er hatte nur ein Kind, einen Sohn, meinen Vater. Das ist er.« Sie sind bei dem Foto eines kugelrunden Babys angekommen. Es trägt Wollsachen und ein Mützchen und sitzt aufrecht auf einem Kissen.

»Jan, wer ist jetzt wer? Ich komme durcheinander. Oder denkst du dir das alles bloß aus?«

»Wie meinst du das?« Aus Jans Blick spricht völliges Unverständnis. »Du siehst die Fotos doch selbst! Also, was heißt da ausdenken?«

»Es klingt alles ziemlich schrecklich, und dann ist es auch wieder nicht schrecklich, aber auch nicht schön«, sagt Wil. »Was kommt jetzt? Wahrscheinlich hat sich der Kleine hier später eine Frau aus Norwegen geholt, die sich dann an einem Dachbalken erhängt hat.«

»Das ist mein Vater. Der hat meine Mutter geheiratet. Ich hab dir doch erzählt, was passiert ist, oder?«

Wil errötet. »Entschuldige.«

Jan schlägt das Album zu und geht zum Küchenfenster. Wil verkneift sich weitere Äußerungen.

»Es ist ja auch viel auf einmal«, sagt Jan, »ich nehm's dir nicht übel. Für meinen Urgroßvater war es nur tragisch, glaube ich, aber für meinen Opa war es der Grund, diesen Hof hier zu bauen, auf diesem neuen Land, meine ich.« Er dreht sich vom Fenster weg und schaut Wil an. »Er war sehr streng, und hart. Man kann sich kaum vorstellen, wie schwer er arbeiten musste, um dieses Land urbar zu machen. Und mein Vater ... von dem war nicht mehr viel übrig, als er meinen Opa begraben hat.« Jan schüttelt den Kopf. »Meine Mutter war stark. Mein Vater ließ sich von ihr alles sagen, und wenn es ihm zu viel wurde, ging er weg. Ich glaube, er hat einfach sein Leben lang seine Mutter vermisst. Er hasste das Meer, und den Winter. Und vielleicht hat man hier nicht viel Meer, wenn man es nicht sehen will, aber auf jeden Fall viel Winter.«

»Ach, Jan«, sagt Wil.

Der Bauernsohn strafft sich. Mit aller Entschlossenheit, die in ihm steckt, sagt er: »Schon seit drei Generationen haben meine männlichen Vorfahren Frauen von außerhalb geheiratet. Du weißt jetzt, dass es diesen Frauen nicht sehr gut ergangen ist. Trotzdem bitte ich dich hierzubleiben.«

VII

GLAS

Der Auftakt zu Jans Bitte – das tragische Schicksal seiner Vorfahren – ist als beunruhigende Erinnerung zurückgeblieben, auch wenn das Unheil der Vergangenheit allmählich in den Hintergrund gerät, seit die Frühjahrssonne an Kraft gewinnt und der schwere Kleiboden rings um den Hof von unvorstellbar empfindlichen Sprossen aufgebrochen wird. Wil betrachtet sie regelmäßig und führt dabei ein stilles, aber erbittertes Streitgespräch mit ihrer Rührung, als wollte sie einfach nicht begreifen, dass etwas so Zerbrechliches so schweren Boden brechen kann. Deshalb betrachtet sie das zarte Grün und verbietet der Rührung, die Oberhand zu gewinnen. Sie will nicht fühlen, was sie fühlt.

Als Jan sie zu bleiben bat, das heißt, als die Dinge sich bei genauer Betrachtung ganz nach Plan entwickelten, schreckte sie doch zurück, denn sie wollte zwar den Bauernhof und war bereit, dafür Jan in Kauf zu nehmen, doch das Erbe der Vergangenheit empfand sie als bedrückend. Sie befürchtete, dass die düstere ländliche Tragödie immer gegenwärtig sein könnte, und hatte das Gefühl, gegen ihren Willen in eine Geschichte hineingezogen zu werden, die mit ihren Plänen nichts mehr zu tun hatte. Vorübergehend war sie sich nicht mehr so sicher, noch alles im Griff zu haben. Die Stille des Ackerlandes und das Dämmerlicht im Inneren des Bauernhauses gaben ihr das Gefühl, in eine Art Vorhölle geraten zu sein, an einen Ort, an dem sich etwas Schreckliches an ihr vollziehen würde, wenn sie blieb. Dieses Gefühl quälte sie vor allem nachts, oder an den Nachmittagen, wenn Jan zufällig im Haus war und groß und vor sich hin murmelnd im Halbdunkel des Flurs stand. Am Anfang dachte sie manchmal, es wäre besser, sie würde weggehen, solange sie es noch konnte.

Doch sie blieb, denn jeder Tag hatte auch seine hellen Augenblicke. Die Weiträumigkeit des Hauses und des Landes und vor allem die unmittelbare Nähe des Meeres halfen ihr, das Beklemmende der Vergangenheit abzuschütteln. Außerdem war sie davon überzeugt, dass sie durchhalten musste, gerade weil sie schon so weit gekommen war und weil man im Leben ohne Kampf nichts erreicht, und sie wollte sich nicht von alten Geschichten beirren lassen, die sie früher in die Schublade Heimatliteratur gesteckt und verachtet hätte.

Und mit Jan ließ sich leben. Ihre anfängliche Abscheu vor seinem Körper nahm ab und verflog, obwohl sie sich am Anfang manchmal heftig hatte übergeben müssen, nachdem sie miteinander geschlafen hatten. Doch als er vertrauter wurde, erwies er sich als hingebungsvoller und angenehm harter Liebhaber, dies nicht nur wegen seiner Kraft, sondern auch wegen der Stärke und Entschlossenheit seines Strebens. Dabei war er aber nicht schwer handhabbar, er ließ sich – innerhalb gewisser Grenzen – steuern. Wenn sie »Mach weiter« sagte, verminderte das nicht seine Entschlossenheit, er machte nur einfach länger weiter. Es ergab sich ein Gleichgewichtszustand ohne viele Missverständnisse, aber glücklicherweise auch ohne Zärtlichkeit. Sex wurde zu einer gemeinsamen Anstrengung, bei der sie es zu einiger Versiertheit brachten und auf die Wil an sonnigen Tagen tatsächlich unvermittelt Lust haben konnte.

Die Tage wurden länger. Die Kiebitze kamen, die Gänse zogen fort. Hoch über dem Deich sang manchmal stundenlang eine Feldlerche. Wil ging durchs Haus und machte Pläne. Zwischen Jan und ihr herrschte allerdings viel Schweigen. Anscheinend war es wirklich so, dass sie besser miteinander auskamen, wenn sie den Mund hielten. Jan war oft weg, doch fast immer, jedenfalls vom Deich aus, in Sichtweite.

Sie kümmerte sich ums Haus und seine unmittelbare Umgebung. Weil sie das Führen des Haushalts als angemessenen Preis für den neuen Freiraum in ihrem Leben betrachtete, konnte sie mit der traditionellen Rollenverteilung leben. Dass außer Jan niemand etwas davon mitbekam und deshalb auch niemand sie darauf ansprechen konnte, machte es leichter. Und bald schon wurden die Routinearbeiten, die sie vormittags erledigte, zu Übungen in Konzentration, zu einer meditativen Vorbereitung auf das, was sie im weiteren Verlauf des Tages tun würde.

Sie verkaufte ihre Wohnung in Diemen und verwendete den Erlös dazu, den Keller des Bauernhauses als Raum für sich selbst einzurichten. Sie skizzierte ein Gewächshaus, ging um den Hof herum und grübelte über den geeigneten Standort dafür nach, sie vertiefte sich in Bücher über Selbstversorgung mit Gemüse, über Bodensorten, sogar über Hühnerhaltung. Manchmal ertappte sie sich dabei, dass sie vor sich hin murmelte. »Schritt für Schritt«, sagte sie dann beispielsweise, oder: »Ich habe Zeit.«

~

Und nun steht sie am Rand eines Ackers und betrachtet die Kartoffelpflänzchen, weiche Blättchen an zarten Stielen, die sich aus dem harten Kleiboden emporarbeiten. Sie widersteht dem Drang, über den tiefen Wassergraben zu springen und das junge Grün mit einer Drehbewegung ihrer Absätze in den Boden zurückzuzwingen, doch es kostet sie fast all ihre Selbstbeherrschung. »Warum«, murmelt sie. »Alles läuft so, wie ich es will, also warum sollte ich …« Und sie wendet sich ab und kehrt zum Haus zurück, steigt die Kellertreppe hinunter und geht zum Schreibtisch, den sie unter einem der Kellerfenster aufgestellt hat. Sonnenlicht fällt auf die Tischplatte. Sie setzt sich, öffnet eine Schublade und holt eine große Kladde heraus. Sie schlägt sie auf und nimmt einen Kugelschreiber. Sie schreibt:

Alles geht besser als am Anfang. Manchmal überfordere ich mich, und manchmal brauche ich nach dem Aufstehen lange, bis ich halbwegs mein inneres Gleichgewicht gefunden habe. Aber das sind Probleme, die ich lösen kann. Weniger von mir selbst verlangen und früher aufstehen. Für heute habe ich mir eine leicht erfüllbare Aufgabe gestellt: mich im Dorf nach Holz fürs Gewächshaus umsehen (gleich auch ein paar Eier kaufen). Ich habe schon viel geschafft. Das darf ich ruhig einmal sagen. Aber dann plötzlich, und das ist unerträglich, plötzlich, wenn ich sehe, dass junge Pflänzchen aus der Erde kommen, fange ich fast an zu heulen, und warum? Es sind doch nur Kartoffeln, Knollen, jetzt noch nicht mal essbar. Da flenne ich fast wegen ein paar Kartoffeln! Und dann sammelt sich in meinem Bauch so viel alter Kummer an und bleibt da, und ich fühle mich genau wie früher, wie das überreizte Kind, es ist das verdammte alte Scheißgefühl von Abhängigkeit und Schuld. Auf einmal finde ich nirgends die nötige Energie zum Weitermachen.

Sie schaut nach oben, in die Sonne. Dann beißt sie auf ihre Unterlippe und schreibt weiter:

Es ist völlig verrückt, aber anscheinend muss ich mich besser auf sprießendes Kartoffelkraut vorbereiten. Jan hat nichts gemerkt. Das ist gut.

Sie legt den Stift hin, steht auf, dreht eine kleine Runde durch den Keller, bleibt unter dem anderen Fenster stehen und stellt sich auf die Zehenspitzen. Sie schaut über den Rasen vor dem Haus und folgt mit dem Blick den parallelen hellgrünen Reihen neugeborener Kartoffelpflänzchen auf dem Acker dahinter. Dann kehrt sie an den Schreibtisch zurück.

Die Welt scheint hier so übersichtlich zu sein: ein Deich, ein Haus, ein Mann, geradliniges Land, aber dann zeigt sich, dass ich doch etwas übersehen habe, dann kommt die Gefahr frech aus dem Boden. Womit muss ich noch rechnen? Wie kann ich mich wappnen? Soll ich mich damit konfrontieren? Mich damit beschäftigen? Aber ich kann mich wirklich nicht mit den Kartoffeln beschäftigen. Das ist Jans Gebiet. Ich darf mir keine Blöße geben. Ich muss hart sein. Wieso soll das nicht gehen? Wieso kann ich nicht, wie in der Therapie, ein Ziel ins Auge fassen und mich dann darauf zubewegen, ohne mich ablenken zu lassen, ohne irgendwelchen alten Dreck mitzunehmen? Rein, ja, rein. Wie klares, kaltes, tiefes Wasser. Ohne mich selbst, ohne mein altes Selbst. Aber es winkt mir zu, es sagt: Komm zurück. Wenn ich einen Moment nicht aufpasse, bewege ich mich wieder im alten Gleis. Ich war unglücklich. Weiß ich das denn nicht mehr?

Das Gleichgewicht kehrt aber wieder, wenn ich nur eine klare Linie finde und die auch verfolge, egal, was kommt, egal zu welchem Preis.

Jede Kleinigkeit ermüdet mich. Ich darf nicht so lange schlafen. Das Gewächshaus, ich muss das Gewächshaus bauen.

Sie blickt sich um. Sie hat den Keller als ihren eigenen Raum ausgewählt, weil das Licht so schön hereinfällt, weil er ein paar Gewölbe hat, weil er eine ganze Etage für sie allein ist, weil er nur einen Zugang hat, eine Tür, die sie abschließen kann.

Als sie den Raum zum ersten Mal betreten hat, wurde er kaum noch genutzt. Offenbar hatten Kühlschränke und Gefriertruhen den Keller überflüssig gemacht. Natürlich waren da noch die eingemachten Gemüse, stumm ertrunken in ihren Gläsern, wie in einem Museum. Sie hat sie stehen lassen, alles sauber gemacht, die Wände und Decken weiß gestrichen, einen Gasheizofen installieren lassen, und inzwischen ist der Keller mehr oder weniger ihre Klosterzelle geworden, mit ihren Büchern und ihrem Schreibtisch und viel Platz zum Auf- und-ab-Gehen, und das will sie auch tun. Bevor sie aufsteht, liest sie aber das Geschriebene noch einmal durch. Es kommt ihr jetzt albern vor.

»Ich muss ins Dorf«, sagt sie laut. Sie klappt die Kladde zu und legt sie in die Schublade zurück. Dann geht sie zur Treppe und steigt hinauf, es ist nicht hoch und doch so ermüdend. Sie wird so schnell müde, immer muss sie mit aller Kraft kämpfen, immer wieder, gegen Gefühle, gegen Müdigkeit. Und die Arbeit muss getan werden, und Jan darf nichts wissen.

Und sie ist schwanger, aber das weiß sie nicht.

~

Sie radelt, so viel ruhiger als an ihrem ersten Vormittag hier, als sie in der Frostkälte eines Wintermorgens fürs Frühstück eingekauft hat, aber auf demselben Fahrrad. Es ist das alte Rad von Jans Mutter mit den schwarzen Taschen und der Rückenstütze hinten am Gepäckträger, auf dem Jan vor fast dreißig Jahren zur Vorschule gebracht wurde. Sie fährt an aufgebrochenen Äckern vorbei, sogar an Jan selbst, der irgendwo zwischen Reihen von jungem Grün hergeht und stehen bleibt und winkt. Doch sie winkt nicht zurück. Sie denkt: Wenn ich jetzt auch noch winke, auf diesem Rad, bin ich wirklich seine Mutter, und das geht zu weit, aber bei genauer Betrachtung ist er ganz in Ordnung, eigentlich.

Und sie empfindet so etwas wie kameradschaftliche Sympathie für ihn, weshalb sie es sich beinahe anders überlegt und kurz, eine Sekunde nur, daran denkt, sich umzudrehen und doch noch zu winken oder sogar zurückzufahren und ihm auf der aufbrechenden Erde entgegenzugehen. Doch sie schüttelt den Kopf und tritt es von sich weg.

~

Jan geht die Reihen der sprießenden Kartoffelpflanzen ab, eigentlich unnötig, wenn er ehrlich ist, aber es gibt ihm die Gelegenheit, seine Gedanken zu ordnen, und das ist auch nötig. Die Niedergeschlagenheit verschwand, als Wil kam und es im Haus lebendig wurde. Sie füllte die Lücken in seinem Leben. Sie war dort, wo sie hingehörte, sagte er sich, und Ruhe kehrte ein. Im Haus wurde viel hin und her geschleppt und umgebaut, doch in seinem Kopf hatte sich der Sturm gelegt. Das Frühjahr kam, es gab wieder etwas zu tun. Er ging an die Arbeit, und die sporadischen Gespräche mit seiner toten Mutter verliefen harmonisch. Er sagte ihr, was er tat, und sie sagte, das sei richtig.

Doch ganz allmählich hat sich etwas verändert. Gespräche mit seiner Mutter sind selten geworden, sie reden kaum noch ein Wort. Sie kommt nicht mehr in einsamen Momenten am Haus oder auf dem Acker auf ihn zu. Wenn er sie sieht, sieht er sie nur noch von hinten, oder er hört das Zuschlagen einer

Tür und sich entfernende Schritte. Sie ist nicht mehr auf dem Weg zu ihm, sondern anderswohin.

Auch als er sie jetzt auf der Straße vorbeiradeln sieht, ist sie zu etwas oder jemand anderem unterwegs.

Er winkt ihr zu, aber sie fährt weiter, wenn es auch fast so aussieht, als würde sie kurz aufhören zu treten und zögern. Er blickt zum Haus hinüber, weil er sich fragt, ob Wil vielleicht sein Winken ins Leere gesehen hat, aber der Hof ist verlassen, auch auf dem Deich ist niemand.

~

Im Dorf betritt Wil den Lebensmittelladen, in dem die Besitzerin mit verschränkten Armen hinter der Vitrinentheke steht, den Kopf zurückgelegt, das Kinn vorgestreckt und die Mundwinkel so weit heruntergezogen, dass sich in ihrem feisten Gesicht tiefe Falten bilden. Bei einer früheren Gelegenheit hat sie Wil mehr oder weniger indirekt gefragt, wo sie denn wohne, ohne eine Antwort zu erhalten. Eine Woche später dann, wie es denn sei auf dem Hof, so abgelegen, für jemanden aus der Stadt. Doch Wil hatte nur ihre Einkaufswünsche genannt, ein paar kritische Fragen zur Frische der Ware gestellt, danach sogar vom Erwerb einiger Dinge abgesehen, immerhin aber sofort bezahlt, bevor sie den Laden mit einem knappen Gruß verließ.

Und nun betritt sie ihn wieder. Groß und breit steht die Lebensmittelhändlerin hinter ihrer Ware, in einem weißen Kittel wie eine Apothekerin. Sie unterhält sich mit einer Kundin. Es geht um Geld und um früher. Die Kundin sagt, es habe eine Zeit gegeben, in der sie kaum über die Runden kamen, und der und der, von da und dort, habe keinen Cent gehabt, und die

Kinder seien völlig verwildert gewesen. Worauf die Lebensmittelhändlerin erwidert, sie habe nie zu wenig Geld gehabt, dafür habe sie schon gesorgt, und dann schaut sie Wil an und fragt nach ihren Wünschen. Wil möchte vier Eier aus der Glasschüssel auf der Theke.

»Macht dann einen Gulden fünf«, sagt die Händlerin.

»Wie viel?«, fragt Wil.

»Einen Gulden und fünf Cent«, antwortet die Händlerin mit Nachdruck. »Sie sind teurer geworden, gestern.«

»Dann hätte ich gerne drei«, sagt Wil.

Die Händlerin bleibt stehen, ohne sich zu rühren, die Arme weiterhin verschränkt. »Drei Eier«, sagt sie.

»Ja«, bestätigt Wil. »Vier Eier für einen Gulden fünf, das sind, wenn ich richtig rechne, sechsundzwanzig und ein Viertel Cent pro Stück. Jetzt hätte ich gern drei Eier, für achtundsiebzig und drei Viertel Cent. Sagen Sie, wenn es nicht stimmt. Ich hoffe, Sie können auf einen Gulden herausgeben?«

»Typisch«, sagt die Händlerin nach kurzem Schweigen. »Warum, weiß ich nicht, aber bei den Leuten vom Hof da draußen ist immer alles seltsam. Die werden da alle verrückt, wissen Sie das eigentlich? Das hat Jan Ihnen wohl nicht erzählt. Bestimmt hat er davon nichts erzählt.«

Für einen Moment verschlägt es Wil die Sprache, sie blickt sich um. Wieder, schon zum zweiten Mal heute, steigt Sympathie für Jan in ihr auf. Der kurzen Ratlosigkeit folgt Wut, nicht auf die Frau, die sie wie eine aufgerichtete Puffotter über ihre Ware hinweg anstarrt, sondern auf sich selbst. Sie holt tief Luft und sagt: »Ich kann mir sehr gut vorstellen, dass ein Mensch ins Wasser geht, nachdem er Sie gesehen hat. Dafür muss man nicht verrückt sein, im Gegenteil. Aber bevor es so weit ist, hätte ich gern vier Eier, und zwar für einen Gulden, es sei denn, Sie wollen daraus eine Prinzipienfrage machen. Hier ...« Sie knallt ein Guldenstück auf die Theke.

Schweigen tritt ein.

Die Lebensmittelhändlerin rührt sich nicht vom Fleck, die weißen Arme steif ineinander verdreht. Doch ihr Blick huscht hin und her. Wahrscheinlich denkt sie nach. Die andere Kundin schüttelt den Kopf und wartet ab, was kommt. Wil stellt ihre Tasche auf den Boden und macht einen Schritt auf die Eier zu. Die Händlerin handelt schnell. Sie schnappt sich die Glasschüssel und drückt sie fest an ihren Busen. »Nein«, sagt sie. Wieder wird es still.

Dann ist hinter dem Insektenvorhang, der den Laden von den Wohnräumen trennt, leises Schlurfen zu hören. Es ist der Lebensmittelhändler; ein kurzatmiger alter Herr mit bläulichem Gesicht und wässrigen Augen. Er ist auf dem Weg in den Laden, vielleicht wegen der ungewöhnlichen Vorgänge dort, obwohl er unmöglich etwas gehört haben kann, so schwerhörig, wie er ist. Die Händlerin, Wil, die andere Kundin, alle drei starren auf den Insektenvorhang. Zuerst erscheint eine Hand, dann der Lebensmittelhändler in Gänze. Verwundert schaut er in den Laden. Seine Augen tränen so sehr, dass ihm das Wasser über die Wangen läuft.

»Bitte?«, fragt er, bevor jemand etwas gesagt hat.

»Eine Frage!«, sagt Wil mit lauter Stimme. »Was kosten die Eier?!«

»Fünfundzwanzig«, antwortet er, während seine Hand Halt an einem großen Amelander Käse auf einem der Regale an der Rückwand sucht. Er schnappt nach Luft. Dann dreht er den Kopf und erblickt seine Frau. Voll unverhohlener Verachtung erwidert sie den Blick.

»Was für ein Anblick«, sagt sie mit einen ruckartigen Nicken

in Richtung ihres Gatten. »Ein Wrack, zu nichts mehr nütze.«
Doch er ignoriert ihre Bemerkung und wendet sich an die beiden Kundinnen. Er nickt ihnen zu. »Gré ...«, sagt er; als er Wil anschaut, sucht er eine Weile vergebens nach einem Namen. Ächzend lässt er den Käse los. Während der folgenden kurzen Drehung hält er die Hände empfangsbereit geöffnet und kippt langsam auf die Vitrine mit Fleisch- und Wurstwaren, Butter und Streichkäse zu, die gleichzeitig als Theke dient. Genau im richtigen Moment packt er den gläsernen Rand und kommt vorgeneigt zum Stillstand. Die Vitrine knackt leise.

»Frau ...«, sagt er. »Oder Fräulein?«

Wil nickt freundlich. »Sagen Sie einfach Wil«, sagt sie.

»Gerrit«, erwidert er. »Ich bin Gerrit. Was darf es sein?«

»Vier Eier«, sagt Wil.

»Vier Eier«, wiederholt er und streckt die Hand nach der Stelle aus, an der sonst die Glasschüssel steht. Doch die Schüssel ist weg. Vermutlich, weil er auf keinen Widerstand stößt, wo er welchen erwartet hat, gerät er aus dem Gleichgewicht. Wieder knackt das Glas, diesmal jedoch lauter. Einen Moment hängt der Lebensmittelhändler zwischen Himmel und Fleischwaren in der Luft. Dann bricht etwas, das Glas, das ihn stützte, gibt nach, und er stürzt kopfüber nach vorn, einen erstaunten Ausdruck im Gesicht. Wil macht einen Sprung rückwärts. Die Vitrine kippt und landet nach einem langsamen, aber schweren Fall samt Ware und Lebensmittelhändler auf dem gefliesten Boden. Mit ohrenbetäubendem Knall zerbirst eine Glasplatte, Splitter fliegen durch den Laden. »Hilfe!«, ruft Gerrit. Dann wird es still.

»O Gott«, sagt seine Frau und schaut sich unschlüssig nach einem Platz zum Abstellen der Eierschüssel um. Weil sie den aber im vollgestopften Laden nicht findet, verschwindet sie durch den Insektenvorhang in die Wohnräume. Dann kehrt sie ohne Eier zurück und schlägt die Hände vor den Mund. Wil kniet neben dem verstummten Lebensmittelhändler, um ihm aufzuhelfen. Der Mann liegt reglos in den Trümmern, den Kopf auf einem Hinterschinken, und starrt an die Decke, immer noch erstaunt, als könne er nicht begreifen, was vorgefallen ist.

»Geht's einigermaßen?«, fragt Wil. Doch Gerrit schweigt.

»Da haben wir die Bescherung, ist er tot?« Die Frau kommt einen Schritt näher. »Gerrit!«, schreit sie. »Gerrit!« Gerrit sagt nichts. »Sehen Sie, was Sie getan haben!« Sie schaut Wil an. »Ja, Sie, sehen Sie sich an, was Sie getan haben! Ogottogott. Jetzt haben Sie den alten Trottel zu Tode stürzen lassen. Gerrit!«

»Ich habe nichts getan …«, sagt Wil.

»Nichts als Ärger hat man mit den Leuten von diesem Hof. Gerrit!«

»Er ist von selbst gefallen, ich habe nichts getan.«

»Raus aus meinem Laden! Verschwinden Sie!«

»Ich hab nichts getan …« Wil ist aufgestanden. »Sie haben es selbst gesehen …«, sagt sie und schaut sich nach Gré, der anderen Kundin, um. Doch die ist nicht mehr da. Dann bimmelt die Ladenklingel, und in der Tür erscheinen die Bäckereibesitzerin von gegenüber und eine weitere Person, gleich danach eine dritte. »Ich … hab nichts getan«, stammelt Wil. »Er ist von selbst gefallen, er wollte die Eier nehmen und ist dann gestürzt … Hat jemand einen Arzt gerufen?« Die schnell anwachsende Gruppe von Zuschauern in der Tür und vor der Schaufensterscheibe scheint dem Laden alles Tageslicht zu nehmen.

Die Lebensmittelhändlerin erhebt ein Geschrei und zeigt auf Wil. Die Blicke der versammelten Dorfbewohner wandern zwischen Wil und dem beängstigend stillen Mann auf dem

Boden hin und her. Wil steht auf, nimmt ihre Tasche, bahnt sich einen Weg ins Freie, springt aufs Rad und fährt so schnell sie kann aus dem Dorf hinaus.

~

Jan ist in stolperndem Laufschritt, die Augen starr auf die Erde gerichtet, quer über die Äcker zum Hof zurückgekehrt. »Wil!«, ruft er, als er beim Haus ankommt. »Wil!« Mit der Schulter wirft er sich gegen die kleine Scheunentür, die auffliegt. »Wil!«

Wil ist nicht da. Mit großen Schritten durchmisst Jan die leeren Räume und ruft nach ihr, bis er im Keller landet. Nichts. Niemand. Die niedrige Decke wirkt bremsend auf seinen langen Körper. Leicht gebeugt geht er durch den Keller, eine Hand an den Gewölben. »Wieso bist du nicht da?«, fragt er. »Ich wollte dich überraschen.« Er blickt sich um, sieht aber nur den leeren Stuhl, den verlassenen Schreibtisch. »Wil?«

Er geht zum Schreibtisch und streicht mit der Hand über die Platte, auf der ein Buch über Gewächshausanbau liegt. Er öffnet es. Ein paar Blätter aus einem Schreibblock, mit Zeichnungen, Maßen und Zahlen, stecken darin. Jan betrachtet sie. »Weißt du was«, sagt er, »wir kaufen Glas, wir bauen ein Gewächshaus, gleich heute kaufen wir Glas und bauen ein Gewächshaus.« Er legt die Bauskizzen zurück und stiefelt die Kellertreppe hinauf, durch den Flur, in die Scheune, nach draußen, und wieder schreit er: »Wil!«

Er rennt zum Deich. Eilig steigt er hinauf, und als er das Meer erblickt und der steife Frühjahrswind ihm ins Gesicht bläst, ruft er erneut. Er späht links und rechts am Deich entlang, und da er Wil dort nicht sieht, suchen seine Augen das Deichvorland und das Watt ab.

Nichts.

Der Anblick des leeren Watts und Wils Abwesenheit versetzen ihm einen Schlag. Er fängt an zu zittern und tritt von einem Fuß auf den anderen. »Verfluchter Mist«, sagt er, »du bist doch nicht weg, oder? Nicht du auch schon!? Du musst doch hierbleiben.« Er dreht sich um und sieht seine Mutter mit hoher Geschwindigkeit über den Betonplattenweg aufs Haus zuradeln. »Ich brauche Wil, nicht dich«, sagt er. Doch dann verstummt er und schaut genauer hin. »Wil!«, ruft er und stürmt den Deich hinunter, überwindet mit einem unwahrscheinlichen Sprung den Weiderost und läuft ihr entgegen. »Bist du da!? Bist du da, mein Liebling?« Tränen treten ihm in die Augen, und er sagt nichts mehr, sondern rennt nur.

~

Es folgt eine heftige Wiedervereinigung, bei der Jan und Wil ihren Tränen freien Lauf lassen. Sie halten sich fest in den Armen, wiegen sich tröstend und bewegen sich dabei in kleinen Kreisen. Das Fahrrad liegt mit nachdrehendem Vorderrad am Wegrand.

Jan ist der Erste, der etwas Zusammenhängendes herausbringt. »Weißt du, was wir machen?«

»Wir gehen rein«, antwortet Wil. »Und in den nächsten zehn Jahren nicht mehr raus.«

»Falsch«, sagt Jan und küsst sie sanft aufs Haar. »Wir fahren ins Dorf und kaufen Glas.«

Sie erstarrt in seinen Armen. »Wir machen *was*?«

»Ins Dorf fahren«, antwortet Jan. »Glas kaufen.«

Sie schiebt ihn ein Stück von sich weg. »Wieso Glas?«, fragt sie. »Warum redest du von Glas?«

Jan stutzt einen Moment, zieht sie dann aber gleich wieder an sich und schließt sie in die Arme. Fünf Mal, zehn Mal küsst er sie aufs Haar. »Ich wollte dich überraschen, ich möchte dir alles geben, was du willst, ich möchte dir ... hörst du ... alles ... ich ... du bist so ...« Jan seufzt. »Halt mich fest«, sagt er.

Jans Umarmung überwältigt Wil. »Ich will nie wieder in dieses Dorf, auf keinen Fall«, sagt sie noch. »Nie mehr zu dieser Giftkröte.« Sie schließt die Augen und erwidert den Druck. »Jan«, sagt sie.

»Wil.«

Sie schaudert beim Hören des Namens. Ihre Umarmung erschlafft. Doch dann nimmt sie Jan erneut fest in den Arm.

Noch fester sogar.

~

Eine kühle Windbö fällt über den Deich. Zwei Möwen lassen sich vom Meer her landeinwärts tragen. Dann wenden sie gegen den Wind, schweben einen Moment vor dem Himmelsblau auf der Stelle und landen auf dem Dach des Bauernhofs. Dort stehen sie nebeneinander. Sie recken die Hälse. Sie lachen. Jan und Wil schauen hinauf und kommen zu sich. Sie lassen sich los. Jan macht noch eine einladende Geste zum Deich hin, doch Wil schüttelt den Kopf und geht vor ihm her ins Haus.

VIII

ZU MUTTER

Jan, würdest du mir einen Gefallen tun?« Wil ist schon seit Stunden wach, während Jan gerade erst die Augen aufgeschlagen hat. Er hat tief und lange geschlafen. Er liegt auf dem Rücken, wohlig matt und zufrieden. »Guten Morgen«, sagt er.

»Würdest du mir einen Gefallen tun?« Jan seufzt und reckt sich. Dann zuckt er mit den Schultern. »Was denn?«, fragt er. Aber das sagt Wil nicht. »Ich möchte nur wissen, ob du mir einen Gefallen tust.«

»Kommt drauf an.«

»Willst du mir einen Gefallen tun? Darum geht es.«

»Du denkst also an nichts Bestimmtes?« Jan dreht sich zu Wil hin und legt ihr seine große Hand auf den Bauch.

»Willst du mir einen Gefallen tun?«

»Ich würde dir gern einen Gefallen tun.«

Wil schaut ihm in die Augen. »Auch wenn du meine Bitte ein bisschen komisch findest?«

»Wie, was?«

»Ob du für mich auch was tun würdest, das dir vielleicht komisch vorkommt, um mir einen Gefallen zu tun.«

Jan dreht sich wieder auf den Rücken. Er schließt die Augen.

»Schieß los.«

»Du würdest mir einen großen Gefallen damit tun, obwohl es auf den ersten Blick ein bisschen komisch ist. Ich bitte dich um nichts Unmögliches. Nur darum, dass du heute, wenn wir zu Mutter fahren, Klompen anziehst.«

Jan öffnet die Augen und richtet sich auf. »Versteh ich nicht.«

»Ich hätte so gern, dass du heute für den Besuch bei Mutter Holzschuhe trägst, damit sie kapiert, was du bist. Sie hatte doch Anfang vorigen Jahres diesen Schlaganfall, davon hatte ich dir erzählt.«

»...«

»Jan, es klingt verrückter, als es ist, überleg mal: Wenn du in einem Land, in dem du niemanden kennst und dessen Sprache du nicht sprichst, sagen wir, in der Mongolei oder so ... ja: Wenn du in der Mongolei jemandem vorgestellt würdest, der normale Kleidung und Schuhe trägt, wüsstest du noch nichts über ihn. Angenommen, du würdest fragen, was der Mann macht, und jemand würde es dir erklären, wüsstest du trotzdem nichts, weil du ja kein Mongolisch verstehst. Ja?«

»Mongolei?«

»Jan, pass auf, nehmen wir an, der Mann, dem du vorgestellt wirst, hätte eine Kochmütze auf, dann wüsstest du doch sofort, was er macht, obwohl du kein Wort Mongolisch sprichst. Dann würdest du denken: Ich kann zwar kein Mongolisch, aber das ist der Koch. Verstehst du, was ich meine?«

Jan ist aufgestanden. Er zieht eine Hose an, schweigend.

»Für Menschen, die einen Schlaganfall hatten, ist es manchmal so, als müssten sie in der Mongolei leben, ohne Mongolisch zu können. Wie soll Mutter kapieren, dass du ... wenn du ... verstehst du denn nicht?«

Jan ist hinausgegangen, ins Badezimmer.

Wil bleibt eine Weile liegen und denkt nach. Dann steht sie ebenfalls auf und folgt Jan. Er steht am Waschbecken und unterzieht sich einer wüsten Waschprozedur. Seine großen Hände schöpfen abwechselnd Wasser aus dem Becken und befördern es mit einem kalten Klatschen auf seinen harten Leib. Wil bleibt in der Tür stehen und schaut ihm zu.

»Es können ruhig saubere Klompen sein.«

Jan wäscht sich die Ohren, schweigend. Dann trocknet er sich ab und trifft Vorbereitungen fürs Rasieren.

»Was meine Mutter angeht, musst du nämlich eins wissen: Sie wird nicht so leicht akzeptieren, dass ich mit einem Bauern zusammen bin. Ein Bauer ist in ihren Augen, wie soll ich sagen, ihr wäre jemand mit einer akademischen Ausbildung lieber, zur Not auch irgendwas Künstlerisches.«

»Ich hab eine Fachschulausbildung«, murmelt Jan.

Wil hört es nicht. Sie holt tief, tief Luft und sagt dann: »Du bist, äh, was ich für mich … ich hab mir dich ausgesucht, das Land, den Hof, das alles, und das soll ihr einfach von Anfang an klar werden. Dann gibt es auch keine Missverständnisse. Dann ist das abgehakt. Verstehst du? Deshalb dachte ich, wenn du Klompen anhast, dann weiß sie gleich Bescheid, wenn du reinkommst.«

Jan knallt seinen Nassrasierer auf den Waschbeckenrand. »Ich mach's nicht. Und wir reden nicht mehr darüber.«

~

Jan und Wil stehen auf der Autobahn. Auf der Brücke, die den IJsselmeerpolder mit dem alten Land verbindet, herrscht Stau. Jan schweigt und starrt auf einen Punkt irgendwo draußen, im Regen. Wil trommelt aufs Lenkrad.

»Es ist doch egal, wie …«, sagt sie plötzlich, bricht aber ab und beißt auf ihre Unterlippe. Sie denkt angestrengt nach. Es wird wieder still im Wagen. Der Regen prasselt aufs Dach. Sie fahren eine Autolänge weiter und stehen erneut.

»Was?«, fragt Jan endlich, aber ohne großes Interesse.

Sie schaut ihn von der Seite an und versucht, ihn einzuschätzen. »Eigentlich läuft es gar nicht schlecht zwischen uns«, meint sie. Sie fahren wieder an, rollen ein kurzes Stück, halten. »Wir sind noch gar nicht so lange zusammen, trotzdem können wir schon kleine Unstimmigkeiten vertragen. Es geht voran, langsam, aber voran.«

Es klingt nicht wie eine Feststellung, sie bittet aber auch nicht um Bestätigung. Sie spricht es aus, als wäre es eine Beschwörungsformel. »Es ist egal, wie es heute läuft. Wir sind auf einem guten Weg.«

Wieder wird es still im Auto. Jan nickt langsam, geistesabwesend.

»Sag du auch mal was«, sagt Wil.

~

Am Horizont taucht Amsterdam auf. Jan brütet in trüber Stimmung vor sich hin. Wil schaltet das Radio ein. Die Nachrichten nähern sich dem Ende. *Gestern hat ein großer Asteroid die Erde nur knapp verfehlt*, meldet der Sprecher. *Der Gesteinsbrocken mit einem Durchmesser von annähernd zwei Kilometern passierte die Erde in 450 000 Kilometern Entfernung, was nach astronomischen Maßstäben wenig ist. Der Himmelskörper war erst vor fünf Tagen von einem kalifornischen Astronomen entdeckt worden. Vor fünfundsechzig Millionen Jahren führte der Einschlag eines großen Asteroiden zum Aussterben der Dinosaurier. Das Wetter …*

»Wir bleiben nicht lange bei Mutter«, sagt Wil. »Und dann ist da noch etwas … wir sind ja bald da …« Wil entschließt sich im letzten Moment, die Ausfahrt zu einer Tankstelle zu nehmen. Es geht gerade noch. Jan hält sich am Handgriff über der Tür fest, um nicht von der Fliehkraft gegen Wil gedrückt zu werden. Als der Wagen kurz danach hinter der Tankstelle steht, grübelt er immer noch. Wil starrt aufs Armaturenbrett. Offensichtlich haben beide etwas auf dem Herzen.

»Du hättest es sowieso irgendwann erfahren müssen …«, beginnt Wil. Doch Jan unterbricht sie. »Was haben wir gestern gemacht?«

»Gestern?«

»Ja, als das Ding nicht eingeschlagen ist.«

»Was?«

»Der Asteroid, vorhin in den Nachrichten, was haben wir da gemacht?«

»Jan, ich muss dir gerade etwas Wichtiges sagen.«

»Hast du das denn eben nicht gehört? Oder hörst du bei Nachrichten immer weg?«

»Ich heiße nicht Wil. So, jetzt weißt du's.«

»In den Nachrichten, der Asteroid gestern, was haben wir da gemacht?«

»Hörst du, was ich sage?« Wil wird allmählich wütend.

»Wir haben Glas gekauft, ja genau.« Jan schnipst mit den Fingern. »Wir haben Glasscheiben für dein Gewächshaus gekauft. Und du hattest Angst, sie könnten zerbrechen. Das muss man sich mal vorstellen.«

»Was?«

»Na, dass dieser Asteroid eingeschlagen wäre.« Jan rutscht auf dem Sitz nach hinten und fasst sich an die Stirn. »Mein Gott«, sagt er.

»Welcher Asteroid, wovon redest du eigentlich?« Wil rüttelt an Jans Schulter. »Hörst du denn nicht, was ich sage?! Ich hab dich angelogen. Ich heiße nicht Wil. Hörst du?! Ich heiße nicht Wil!«

»Was?« Jan gibt sich erkennbar Mühe, sich auf Wils Mitteilungen zu konzentrieren.

»Ich heiße Irene«, verkündet Wil.

»Irene?« Jan denkt nach. »Irene, Irene.« Er zieht die Schultern hoch. »Irene? Also, ich weiß nicht. Darf ich weiter Wil zu dir sagen?«

»Willst du denn nicht wissen, wie das mit den Namen war?«

»Stell dir vor, da machen wir uns Gedanken um ein paar Glasscheiben, dabei rauscht gerade so ein Asteroid an der Erde vorbei, und fast wär alles aus gewesen. Glasscheiben. Unglaublich.« Jan fängt an zu lachen.

»Was war denn in den Nachrichten?«

»Dass wir gestern alle fast draufgegangen wären, uns aber Gedanken um so was wie ein bisschen Glas gemacht haben, meine Güte, Glas! Darf ich Wil sagen?«

»Für meine Mutter bin ich Irene, Hauptsache, du merkst dir das«, sagt sie und lässt den Motor an.

Als das Wiedereinfädeln auf die Autobahn ihre Aufmerksamkeit in Anspruch nimmt, schaut Jan sie kurz von der Seite an. Sie hat Tränen in den Augen.

~

Am Vormittag des Tages, für den ihr Mädchen sich zum Kaffee angekündigt hat, betrachtet Mutter Fotos in einem Album auf ihrem Schoß. Es sind Fotos von einem Urlaub in Südfrankreich vor etwa zwei Jahrzehnten. Seitenweise knallgelbe Sonnenblumen, zum Trocknen aufgehängte Knoblauchstränge in einer Scheune, ein Marktplatz mit Ständen, Farben, Farben. Alles, was sie sieht, fasziniert sie. »Ja, ja, da«, murmelt sie. »Wir haben so …« Sie streicht mit dem Finger über ein Foto, auf dem ihr Mann auf einem Kiesweg hockt und ernst mit einem Hund spricht. Sie tippt auf den Hund und sagt: »Essen mit Brot und Wein … einfach durch drei teilen … ich kann das gut.«

Das Telefon klingelt. Sie erschrickt, zögert, nimmt dann doch ab. Es ist ein Mann, der sich nicht vorstellt, sondern zu flüstern beginnt.

Sie ballt die Faust. »Sind Sie das wieder? Sie sollen nicht sollen nicht immer …« Doch der Mann gibt ihr nicht die Gelegenheit, Worte zu finden. Er hört sich noch kurz ihr Gestammel an und legt auf.

Um irgendwie ihre Wut abzureagieren, tigert sie eine Zeit lang durchs Zimmer. Vor einem Foto ihres Mannes bleibt sie stehen, stützt sich mit den Händen an den Ecken des Schränkchens ab, auf dem das Foto thront, und mahnt sich zur Ruhe. Sie versucht, ihm in die Augen zu sehen, holt Luft und sagt: »Arschloch!«

Das beruhigt sie. Sie geht zum Telefon und legt den Hörer neben die Gabel. Sie setzt sich mit dem Album an den Tisch. Bald ist sie wieder im Dämmer vergangener Wonnen verschwunden.

~

Plötzlich blickt sie von ihren Fotos auf, als hätte jemand sie gerufen. Sie setzt die Brille ab und erhebt sich. »Lieber Himmel«, sagt sie. Sie betritt die Diele, bleibt an der Treppe stehen und lauscht. Sie geht weiter in die Küche, wo sie den Kalender von der Wand nimmt. Wieder im Wohnzimmer, schaltet sie den Fernseher ein, sucht im Teletext nach dem Datum, studiert dann eine Weile den Kalender. »Lieber Himmel«, sagt sie noch einmal. Sie schaltet den Fernseher aus, schaut auf die Wanduhr und legt den Telefonhörer auf die Gabel zurück. »Komisch«, murmelt sie. Unschlüssig bleibt sie mitten im Zimmer stehen. Dann, als würde sie wieder gerufen, hebt sie den Kopf und horcht. »Nein«, sagt sie. »Wo soll ich ... ja, Brezeln.«

Jetzt hat sie es eilig. Sie geht in die Diele, schlüpft in eine Jacke, dreht sich ein paarmal um ihre eigene Achse. Vor dem Spiegel kontrolliert sie ein Detail ihrer Frisur, und schon ist sie unterwegs.

~

Die Stadtbahn ist voll, aber Mutter hat noch einen Sitzplatz gefunden. Die vertrauten Unebenheiten der Schienen beruhigen sie, machen sie beinahe schläfrig. Sie ist auf dem Weg zu den Läden von früher, zu dem Stadtviertel, in dem sie mit ihrem Mann und ihrer Tochter gewohnt hat. Dort gibt es einen Bäcker, der sie kennt, dem sie nicht alles zweimal zu sagen braucht und der sie beim Wechselgeld nicht betuppt. Sie döst ein wenig vor sich hin und schließt die Augen gegen die durchbrechende Sonne. Die Bahn fährt eine Kurve durch einen Tunnel, dann wieder ins Tageslicht. Mutter ist eingeschlafen.

Schlafend fährt sie unter dem Laubdach ihres alten Wohnviertels hindurch, schlafend fährt sie weiter in Gegenden, die ihr fremd geworden sind. Vorbei am Konzerthaus, in das sie ihre Tochter mitgenommen hat. Sie verschläft das Museum, in dem ihr Mädchen mit vier Jahren wie angenagelt vor einem Bild von Sluijters stehen blieb. So viel Glück. Sie schläft noch, als die Bahn am Theater das eigentliche Stadtzentrum erreicht.

Im Schritttempo geht es die Brücke hinauf, über die Gracht, an der ihr verstorbener Mann gearbeitet hat. Er war in der Finanzbranche und hatte, was ihre Tochter anging, völlig andere Ansichten als sie. Wenn sie ihr Mädchen nach Paris zu einer Ausstellung mitnahm, rastete er aus und brüllte, dass seine Tochter – *seine* Tochter, ha! – an Wochentagen in die Schule gehöre und nicht in einen Zug nach Frankreich. Er war ein Mann, für den nur Gesetz und Geld zählten, immer bei der Arbeit, immer weg, und wofür? Alles ging vorbei, auch das Geld ging, ohne etwas zurückzulassen, und der Lärm des Geschreis und der schlagenden Türen verstummte und wich der Stille. Und jetzt ist er tot, und sie schläft.

Und es ist gut, dass sie nicht aufwacht, als die Stadtbahn vor dem Hauptbahnhof stehen bleibt, sich leert und wieder füllt. Ein anderer Fahrer übernimmt sie. Er späht durch den Wagen, erblickt Mutter. Sie fahren zurück, wieder durch die Straßen des Zentrums und dann in das laubreiche Viertel mit dem Bäcker, der sie kennt und Brezeln backt. Die Bahn hält an, der Fahrer verlässt seinen Platz. Er geht zu ihr und fasst sie vorsichtig an der Schulter. »Hallo«, sagt er. »Hallo?«

Sie öffnet die Augen und lächelt. »Ach«, sagt sie. »Sind wir schon da?« Und sie steht auf und nickt links und rechts den Leuten zu, die ihr eifrig Platz machen. Sie steigt aus, ist einen Moment orientierungslos, dreht sich um und überquert schließlich zielgerichtet die Straße in Richtung Bäcker, um Brezeln für ihr Mädchen zu kaufen.

~

Wil hat den Wagen vor einem Einkaufszentrum geparkt. »Sie wohnt gleich dahinter«, erklärt sie. »Verdammt, jetzt bin ich wieder nervös. Es ist unerträglich.«

Jan blickt sich um. »Also das ist Amstelveen«, sagt er. »Schrecklich«, fügt er nach einer Pause hinzu.

Wil lacht auf, es klingt wie ein Bellen. Sie sieht, dass Jan teils beeindruckt, teils entsetzt einem Flugzeug im Landeanflug nachstarrt. »Früher hätte ich wahrscheinlich nicht mal verstanden, was du meinst«, sagt sie.

Jan ist in Gedanken. »Bumm, alles weg«, murmelt er.

»Kommst du?«, fragt Wil. »Dann gehen wir zu Mutter.«

Doch Mutter ist nicht da. Wil klingelt ein paarmal ohne Ergebnis. Sie geht zum Wohnzimmerfenster und späht hindurch. »Sie wird doch nicht ...« Sie holt einen Schlüsselbund aus dem Rucksack und öffnet die Tür.

Im dunklen Wohnzimmer ist niemand. Auf dem Tisch am hinteren Fenster liegen ein aufgeschlagenes Fotoalbum und ein Kalender. Beim Datum von heute steht »Irene 1 Uhr«. Während Wil suchend durchs Haus geht, blättert Jan in dem Album zurück. Er verweilt bei einem Foto von einem Mädchen im Sommerkleid, das fröhlich einen Bergpfad herabgelaufen kommt, offensichtlich voller Wiedersehensfreude auf etwas oder jemanden gleich neben dem Fotografen. Jan ist noch in das Foto vertieft, als Wil hereinkommt. »Sie ist nicht da«, sagt sie, ein wenig erleichtert. »Und weißt du, was ich befürchte?«

Jans Aufmerksamkeit ändert ihre Richtung, vom Foto zu Wils Gesicht. »Hast du eine Schwester?«, fragt er.

»Ich befürchte, dass sie nach Diemen gefahren ist, dass sie mich falsch verstanden hat. Was hast du gesagt?«

»Ob du eine Schwester hast.«

»Eine Schwester? Nein.«

»Bist du das also?«

»Ach, Jan, bitte.«

»Siehst ihr nicht ähnlich«, meint Jan und betrachtet wieder das Foto. »Aber irgendwie doch.«

Wil nimmt das Album vom Tisch und schlägt es zu. »Den ganzen Tag kann sie diese Bilder anstarren«, sagt sie. »Zum Verrücktwerden. Komm, wir gehen.«

»Wohin läufst du da, auf dem Foto?«

»Jan, ich möchte nichts mehr davon hören, wirklich nicht. Wir müssen leider nach Diemen und sehen, ob sie da rumirrt. Bestimmt hat sie vergessen, dass ich nicht mehr da wohne.«

~

Beim Bäcker herrscht Hochbetrieb. Mutter zieht eine Warte-marke und wartet. Sie schaut von einer Verkäuferin zur ande-ren. Sie kennt keine von ihnen. Lange bevor sie an der Reihe ist, drängt sie sich nach vorn und fragt eine Verkäuferin, die gera-de dienstfertig Blickkontakt mit einem Kunden aufgenommen hat: »Ist Ihr Chef nicht da?«

»Ich bediene nur kurz diesen Herrn«, entgegnet die junge Frau schroff und sagt dann zu dem Kunden: »Bitte?«

»Ich frage ja nur …«, versucht Mutter nachzuhaken, doch sie findet nicht schnell genug die richtigen Worte. Der Kunde nennt seine Wünsche, die Verkäuferin dreht sich weg.

Mutter presst die Lippen aufeinander, zwängt sich hinaus, blickt auf die Ladenfront, wie um sich zu vergewissern, dass sie die richtige Bäckerei erwischt hat, und geht wieder hinein. Diesmal wartet sie, bis ihre Nummer aufgerufen wird. Als es so weit ist, fragt sie erneut: »Ist Ihr Chef nicht da?«

»Wir haben gerade sehr viel zu tun«, sagt die Verkäuferin, »was hätten Sie denn gern?«

»Ist Ihr Chef nicht da?«

Die junge Frau blickt sich einen Moment ratlos um, drückt dann auf eine Taste der Aufrufanlage und ruft: »164.« Der nächste Kunde zögert einen Moment, aber als er die Ungeduld der Verkäuferin bemerkt, sagt er rasch: »Ein halbes Pfund grobes Vollkornbrot, bitte.«

Mutter stampft mit dem Fuß auf. »Klaas!!«, schreit sie. »Klaas!! Kundschaft!!«

Eine gewisse Unruhe macht sich im Laden breit. Eine der Verkäuferinnen verschwindet durch eine Tür nach hinten. Nicht lange danach erscheint ein grauhaariger Bäcker in weißer Jacke und Bäckerhose. Er bespricht sich kurz mit den Verkäuferinnen und sagt dann: »Die Dame, kommen Sie bitte …«

»Klaas«, sagt sie und macht eine ungehaltene Geste in Richtung der jungen Frau hinter der Theke.

»Sie haben alle Hände voll zu tun, kommen Sie bitte kurz mit nach hinten.«

In der Bäckerei hinterm Laden fordert der Bäcker sie auf, doch einen Moment Platz zu nehmen.

»Nur einen Moment«, sagt sie, und dann: »Meine Tochter, sie besucht mich.«

»Soso, Ihre Tochter, soso.« Der Bäcker lächelt. »Was ist jetzt eigentlich mit Ihrer Tochter?«

Sie zuckt mit den Schultern. »Ich habe etwas falsch gemacht. Ich wusste nicht, was los ist.«

»Aber nett, dass sie vorbeikommt.«

»Ich versuche, mich ganz normal zu verhalten, aber wenn sie kommt, sitzt sie einfach nur da, und ich weiß nicht, was los ist. Und sie erzählt auch nichts. Sie ist umgezogen, ich weiß aber nicht, wohin. Sie muss es von sich aus sagen. Ich weiß auch nicht, was ich fragen soll.«

Der Bäcker nickt. »Ich packe Ihnen Brot ein, und etwas dazu«, sagt er.

»Brezeln, Klaas.«

»Gern.«

Der Bäcker entfernt sich und kehrt kurz danach mit zwei großen Plastiktüten zurück. »Schauen Sie«, sagt er. »Fünf Brote für die Gefriertruhe, Kekse, ein paar leckere Sachen für Ihren Besuch, Brezeln.« Er zögert einen Moment, fügt dann aber doch hinzu: »Sie sind eine treue Kundin, Sie können jederzeit nach mir fragen, aber kommen Sie bitte, wenn es etwas ruhiger ist, dann können wir so etwas wie vorhin vermeiden. Es ist alles nicht mehr wie früher, so ist es nun mal.«

~

Wil geht schweigend und zielstrebig zum Auto, Jan trottet abgelenkt hinterher. Sein Blick gleitet die Außengänge von Wohnblocks entlang und Autos hinterher. Er bleibt sogar bei einer Baumreihe stehen, um zu horchen, bis ihn die Hupe seines eigenen Wagens aufschreckt. Wil sitzt am Steuer, ungeduldig. Jan geht weiter und steigt ein.

»Wir fahren nach Diemen«, sagt Wil. »Wenn du hiervon schon so begeistert bist, dann davon erst recht.«

Sie hat den Motor angelassen und blickt sich um, ob ihr jemand vor die Stoßstange laufen könnte, dann lenkt sie den Wagen vom Parkplatz auf die Straße. Autos und die Stadtbahn von Amstelveen gleiten in Jans Sichtfeld. »Bumm, weg«, sagt er und folgt mit dem Blick der Stadtbahn, die an der nächsten Haltestelle stehen bleibt. Die Türen öffnen sich. Jan beobachtet.

»Dann fahre ich mal zu ihr, und sie ist nicht da«, schimpft Wil. Sie beschleunigt, bremst aber gleich vor einer Bodenschwelle wieder ab. »Ich weiß ja nicht, welche Vorstellung du dir gemacht hast«, sagt sie, »aber meine Mutter ist völlig anders als ich.« Sie schaltet grob in den ersten Gang zurück.

Jan antwortet nicht. Er beobachtet konzentriert die Menschen, die aus der Bahn ausgestiegen sind und sich vor der Ampel an der Kreuzung sammeln, auf deren anderer Seite auch Wil und er jetzt warten. »Ist das deine Mutter, Wil?« Er zeigt auf eine wartende Frau, die in jeder Hand eine große Plastiktüte hält und zum Himmel hinaufblickt. Er kurbelt das Seitenfenster hinunter und schaut selbst nach oben, um zu sehen, was da zu sehen ist. Nichts.

»Ja, das ist sie«, antwortet Wil und fragt dann scharf: »Woran siehst du das?« Wütend legt sie den Rückwärtsgang ein, doch hinter ihnen wartet ein anderer Wagen. Die Ampel springt auf Grün.

»Ich steig schon mal aus«, sagt Jan. »Dann sag ich ihr, dass du gleich kommst.«

Wil scheint fast in Panik zu geraten. »Ich sehe ihr überhaupt nicht ähnlich!«, ruft sie dem aussteigenden Jan nach. Der Wagen hinter ihr hupt. Auch die Fußgängerampel ist jetzt grün. Während Wil schnell anfährt, kommen die Bahnfahrgäste in breiter Front auf Jan zu. Sogar beim Überqueren der Straße ist Mutter noch so von irgendetwas hoch über ihr fasziniert, dass sie gegen einen Poller zu laufen droht. »Schauen Sie jetzt lieber nach vorn«, sagt Jan, während er mit einer Hand auf ihrer Schulter ihre Richtung ändert. Sie erschrickt, blickt zu Jan auf, dann nach links und rechts, dann wieder zu Jan. »Lieber Himmel«, sagt sie.

»Ich kann gern Ihre Tüten tragen«, sagt Jan.

Vielleicht liegt es an der Selbstverständlichkeit, mit der Jan ihr seine Dienste anbietet, an der gutmütigen Naivität, die er von Kopf bis Hand ausstrahlt, jedenfalls entspannen sich ihre Gesichtszüge, und ohne den Blick von ihm abzuwenden, streckt sie die Arme vor und hält ihm die Plastiktüten hin. »Ich wohne nicht weit von hier«, sagt sie. »Das ist sehr aufmerksam von Ihnen.«

Jan übernimmt die Tüten. Sie gehen nebeneinanderher. Mutter grübelt eine Weile. Dann fragt sie: »Sie sind nicht aus Amsterdam?«

»Nein«, antwortet Jan. »Ich bin mit Wil hier. Ich bin Jan.«

»Ah, Sie sind mit Wil hier.«

Jan nickt respektvoll der Frau zu, die ihn im Gehen forschend betrachtet. »Aber Wil ist schon von hier, ähm ...«, hakt sie nach.

»Ich weiß«, sagt Jan. »Es geht trotzdem.«

Sie zieht die Stirn kraus, denkt nach. »Mein Mann war ... er war aus, nein ... ich war aus Amsterdam Zuid, und er kam aus ... äh ... von ganz woanders. Er sprach mich an, so wie Sie ... aber was rede ich.«

Sie gehen. Jan räuspert sich. »Da sind wir ja schon fast.«

»Meine Tochter kommt.«

Jan nickt. »Sie parkt den Wagen. Sie kommt bestimmt gleich.«

»Der Bäcker hat mir Brot gegeben, viel Brot.« Sie zeigt auf die Tüten. »Zu viel Brot, viel zu viel.« Sie lacht. »Immer zu viel.«

»Vielleicht können wir etwas mitnehmen. Ich werde Wil gleich fragen.« Jan schaut in die Tüten. »Fünf Brote«, sagt er. »Sie können sie einfrieren.«

»Der Bäcker hat auch gesagt: Für die Gefriertruhe. Aber

ich habe gar keine.« Sie tippt Jan mit dem Finger auf die Brust. »Haben Sie eine Gefriertruhe?«

»Ich hatte zwei«, antwortet Jan, plötzlich ein wenig spröde. »Beide kaputt.«

»Man kann sich nicht drauf verlassen«, sagt sie mitfühlend. »Waren sie teuer?«

Jan zieht die Schultern hoch. »Weiß ich nicht. Sie waren von meinen Eltern«, sagt er.

Die beiden sind vor ihrem Haus angekommen. Jan ist mit den Gedanken woanders und schweigt.

»Waren sie alt?«

»Nicht besonders, sie hätten eigentlich noch ein paar Jahre gehabt.«

»Was ist denn passiert?«

»Sie sind in einen See gefahren.«

Darüber muss sie kurz nachdenken. »Und das haben sie natürlich nicht ausgehalten«, sagt sie.

Jan schüttelt den Kopf und starrt düster vor sich hin.

»Es waren ja nur Dinge.« Sie fasst Jan vorsichtig am Arm. »Sie sind sensibel«, sagt sie. Dann schließt sie die Haustür auf und horcht. »Meine Tochter ist noch nicht da«, stellt sie fest. »Sie warten doch auch? Auf Wil, sagten Sie?« Nach einem Moment des Zögerns erklärt sie: »Von dem Brot gebe ich immer den ... ähm, da im Teich. Kommen Sie?«

Jan lässt sich an einer Baumreihe vorbei zu einem Teich führen. Am Ufer grasen Gänse. »Der Bäcker gibt mir immer zu viel Brot. Wenn ich nach Hause komme, füttere ich sie.« Sie zeigt auf die Gänse. »Seit meiner Krankheit weiß ich ihren Namen nicht mehr«, erklärt sie. »Verrückt, nicht wahr? Manchmal muss ich auch sehr gut aufpassen, dann laufen sie mir praktisch vor die Füße, und ich muss wirklich gut aufpassen.

Reichen Sie mir mal eine Tüte?« Sie holt aus einer der Tüten ein Brot und beginnt, es zu zerreißen. Innerhalb einer Minute sind Mutter und Bauernsohn von Gegacker, Geschnatter und Flügelschlagen umringt.

Nach kurzem Zögern beschließt Jan mitzumachen. Er stellt die Tüten ab und nimmt selbst ein Brot. Bald gehen die beiden ganz im Hinwerfen der Brocken, in dem Tumult und der Fressgier der Gänse auf, und das gemeinsame Tun hat eine beruhigende Vertrautheit entstehen lassen. Ohne den Blick von den Vögeln abzuwenden, fragt Mutter plötzlich: »Wenn ich fragen darf, ist Wil ein Mann oder eine Frau?«

~

Nach einer hektischen Runde durch Amstelveen hat Wil den Wagen wieder geparkt. Während der Fahrt hat sie sich furchtbar aufgeregt. Die Ampeln hatten sich gegen sie verschworen, und es herrschte so viel Verkehr, dass sie für den Rückweg zum Parkplatz ziemlich lange brauchte. Sie hatte noch gesehen, wie Jan ihre Mutter ansprach, aber nichts tun können.

Doch jetzt ist sie endlich da. Sie springt aus dem Wagen und rennt los. Vorbei an einem Blumenstand, an einem Stand mit Käse und anderen Milchprodukten, an Läden. Sie rennt, so schnell ihre Beine können. Deshalb kann sie der Werbetafel vor einem Gemüsegeschäft, die hinter einem höflich zur Seite tretenden Mann auftaucht, nicht mehr ausweichen. *Neue Kartoffeln* steht auf der Tafel, darunter ein Preis. Wil prallt dagegen. Die Tafel klappt um, und Wil knallt hin. Der Lärm alarmiert die Umstehenden und sogar die Leute im Gemüseladen. Sie kommen heraus und blicken in die Richtung, aus der Wil angerannt kam, als erwarteten sie, einen Verfolger zu sehen.

Da es anscheinend keinen gibt, richtet sich ihre Aufmerksamkeit auf Wil, die sich gerade aufrappelt. Sie reibt über ihr Knie und schaut sich um. Dann bahnt sie sich resolut einen Weg in den Laden, nimmt einen Beutel Kartoffeln, legt fünf Gulden auf die Ladentheke und macht sich aus dem Staub.

~

Die Brote sind verfüttert. Jan hat Mutter den Arm gereicht und sie zu ihrer Haustür begleitet. Sie zögert, bevor sie erneut den Schlüssel ins Schloss steckt. Sie mustert Jan noch einmal gründlich von oben bis unten. Dann sagt sie: »Schade, dass Sie keine Zeit haben, sonst würde ich Sie zu einer Tasse Kaffee einladen, mit einer Brezel.« Sie kichert.

»Sie sprechen aber wieder sehr gut«, erwidert Jan.

Wie ertappt schaut sie ihn an. »Haben Sie es gemerkt?« Sie macht eine wegwerfende Handbewegung. »Es ist viel besser, vor allem, wenn es mir gut geht, aber manchmal ist es dann wieder gar nicht gut. Manches kann ich ohne Weiteres sagen, anderes nicht. Wissen Sie, was ich nicht mehr weiß? Die Namen von ... Da haben wir's wieder. Wütend macht mich das.«

Jan nickt. »Schön, Sie nun doch kennenzulernen.«

Sie runzelt die Stirn, sie kann nicht verbergen, dass der abwartende Fremde vor ihrer Tür sie in Verlegenheit bringt.

»Wo sind Sie mit Wil verabredet?« Plötzlich hellt ihre Miene sich auf. »Ach, da kommt ja Irene.«

Jan dreht sich um und sieht Wil, das Haar auf einer Seite gelöst, die Hose am Knie gerissen, einen Beutel Kartoffeln in den Armen. Keuchend kommt sie näher, schiebt Jan ein Stückchen zur Seite und drückt ihrer Mutter den Beutel Kartoffeln in die Hände. »Schau mal«, sagt sie. Ihr Gesicht ist gerötet, sie ist immer noch etwas außer Atem. »*Das* macht er, und das ist nichts, wofür man sich zu schämen braucht. Du musst dich einfach damit abfinden.«

Mutter starrt einen Moment sprachlos den Beutel Kartoffeln in ihren Händen an. Dann wendet sie sich lächelnd an Jan und sagt: »Solche Sachen, von denen weiß ich nichts mehr. Genau so etwas … und auch anderes. Jetzt wissen Sie, was ich meine.« Sie zeigt ihm den Beutel Kartoffeln. Sie dreht sich wieder zu Irene hin. »Und das ist meine Tochter. Irene, dieser junge Mann hat mir …« Doch auf einmal schaut sie ihre Tochter forschend an und sagt: »Kind, wie siehst du aus.«

»Ja, ich bin gefallen, aber hör mal zu, Mutter …«

Doch Mutter lässt sich nicht ablenken. Sie schaut ihrer Tochter ins Gesicht und flüstert: »Kind, sieh mich mal an, bist du etwa schwanger?«

IX
VERGEBLICHE MÜHE

S ie sind tatsächlich schwanger. Darf ich Ihnen gratulieren?
Oder kommt es ungelegen? Dann unterlasse ich das Gratulieren natürlich.«

Sie sagt nichts, sondern schaut den Hausarzt nur an: ein
älterer Mann mit zerfurchtem Gesicht, lose sitzender Brille auf
der großen Nase und blauen Augen, die sie distanziert und zu-
gleich schalkhaft mustern. Er macht sich lustig über sie, und
das macht sie rasend.

»Ich habe die Pille genommen«, sagt sie. »Ich habe sie kein
einziges Mal vergessen. Da bin ich mir absolut sicher.«

»Tja«, sagt der Arzt und zuckt mit den Schultern. »Ich kann
den Test gern wiederholen, wenn Sie das wünschen, aber dadurch werden Sie nicht weniger schwanger.«

»Ich habe immer meine Periode gehabt, ich habe immer die
Pille genommen.«

»Aha, nun, wenn Sie die Pille nicht absetzen, können weiterhin Monatsblutungen auftreten. Das ist gar nichts Ungewöhnliches«, erklärt der Arzt, der sie mit hochgezogenen Augenbrauen beobachtet, als warte er gespannt auf ihre Reaktion. Er
lächelt nicht, macht aber auch nicht gerade einen missvergnüg-

ten Eindruck. »Einmal Erbrechen, einmal Durchfall, und zack, schon sind Sie schwanger.«

»Kann man es wegmachen?«

»Ich weiß nicht, wie weit Sie sind.«

Sie denkt nach. Den Gedanken an das Nächstliegende, der sich ihr sofort aufdrängt, nämlich, dass sie ganz am Anfang, als sie sich nach dem Sex regelmäßig übergeben musste – und das liegt doch sicher vier, vielleicht sogar fünf Monate zurück –, dass sie also ganz am Anfang von Jan geschwängert wurde, diesen Gedanken will sie unterdrücken. Verzweifelt sucht sie nach späteren Möglichkeiten, doch die folgenden Monate sind in ihrer Erinnerung eine Oase körperlicher Gesundheit. Natürlich, da war diese übermäßige Erschöpfung beim Treppensteigen und am frühen Morgen diese Unausgeglichenheit nach dem Aufstehen, aber kein Erbrechen oder Durchfall mehr. Alles, was ihr einfällt, deutet auf die Anfangszeit zurück. »Ich will nicht«, sagt sie. »Ich musste mich übergeben, wenn wir miteinander geschlafen hatten. Noch nie habe ich so bewusst die Pille genommen wie im letzten halben Jahr.«

Der Arzt schnaubt durch die Nase.

»Was gibt es da zu lachen?« Sie blickt ihm in die Augen.

»Was sagt Ihr Mann dazu?«, fragt er.

»Ich habe keinen Mann.«

Der Arzt kann einen Anflug von Ärger nicht verbergen. »Dann eben Ihr Freund. Sie wohnen doch mit Jan zusammen?«

Sie senkt den Blick. »Jan sieht mich anders, als ich bin.«

»Dann müssen Sie dafür sorgen, dass er sieht, wer Sie wirklich sind.«

Sie zieht die Schultern hoch. »Das will er nicht sehen.«

»Woher wollen Sie das wissen?«

»Ich weiß es nicht. Er sagt es.«

»Und Sie tun ihm den Gefallen.«

Sie blickt auf. »Welchen Gefallen?«

»Sie richten sich nach seinen Wünschen.«

»So ein Unsinn.« Sie muss sogar kurz darüber lachen. »Im Gegenteil. Jetzt liegen Sie wirklich völlig falsch.« Sie setzt sich in ihrem Sessel auf.

»Sie sagen, dass er Sie nicht sieht, wie Sie sind, Sie nicht so sehen *will*, und dass Sie es dabei belassen. Also richten Sie sich nach seinen Wünschen.« Er zuckt mit den Schultern. »Das erscheint mir offensichtlich.« Dann kichert er. »Natürlich ist es unerfreulich für Sie, wenn es ungelegen kommt, aber eines müssen Sie doch zugeben: Es liegt eine gewisse Ironie darin, dass Sie sozusagen auf einem Umweg schwanger geworden sind, gerade wegen Ihrer Aversion gegen Ihren Mann.«

»Das geht Sie nichts an. Sie haben gut lachen.«

»Nun, meine Schuld ist es nicht. Wenn Sie schwanger sind, haben Sie das auch sich selbst zu verdanken. Eine Schwangerschaft fällt nicht vom Himmel.«

»Ich möchte, dass Sie es wegmachen.«

Der Arzt seufzt. Seine Fröhlichkeit macht Bestimmtheit Platz. »Morgen kommen Sie wieder, dann stellen wir fest, wie weit Sie sind. Sind es mehr als sechzehn Wochen, kommt ein Schwangerschaftsabbruch nicht infrage. Und einstweilen nicht rauchen, nicht trinken und keine Katzenklos sauber machen.«

»Katzenklos? Wovon reden Sie? Ich habe überhaupt keine Katzen.«

»Umso besser!«, sagt der Arzt laut und schlägt mit flachen Händen auf den Schreibtisch. »Drecksviecher sind das!«

~

Sie schreibt.

Schwanger schwanger schwanger schwanger schwanger schwanger schwanger schwanger Schwang Schwang Schwang Schwang Zwang schwanger schwanger schwanger

»Und ich glaube es doch nicht«, sagt sie.

Er sagt, ich würde mich nach Jans Wünschen richten. Wenn er wüsste. I'm not the pleaser anymore. I've given him hell. And now he's given me hell as well. Pregnant pregnant, I am expecting a baby. »Ich bin schwanger« bringe ich einfach nicht über die Lippen. Wil ist schwanger, ich nicht. Ja, Wil ist schwanger. Aber Wil will gar nicht schwanger werden.

Und ich auch nicht.

Angenommen, Jan hätte sich Ank ausgesucht, oder Marie, wäre es dann anders?

Würden die Babys wollen? Babybabybaby. Und Irene?

~

»Jan.« Wil schaut ihn über den Küchentisch an. Er isst. Er hat lange gearbeitet und sieht müde und mager aus. Kauend blickt er auf.

»Jan, in der Zeitung hab ich eine Anzeige für einen Kennenlernabend für Bauern und Frauen aus Polen gesehen. Warum hast du es damals nicht damit versucht?«

Jan legt die Gabel hin und zieht die Stirn in Falten. »Wieso?«

»Hast du nie daran gedacht? Oder wusstest du nicht, dass es das gibt?«

»Wieso fragst du das? Wir haben es doch nicht schlecht zusammen.«

»Nur so. Ich hab die Anzeige heute zufällig gelesen. Du hast von Frauen von anderswo gesprochen. Eine Polin, die kommt ja nun wirklich von anderswo, das musst du zugeben. Komm, sag auch mal was.«

Jan lehnt sich zurück und denkt nach. »Ich bin froh, dass *du* hier bist und nicht eine Polin mit Abenteuern im Kopf«, erklärt er und fängt wieder an zu essen.

»Warum das?«

Jan seufzt. Zögernd isst er noch einen Moment weiter, lehnt sich dann erneut auf dem Stuhl zurück, reibt sich die Stirn. »Ich hab wirklich darüber nachgedacht«, bekennt er schließlich. »Bin aber wieder davon abgekommen. Versetz dich doch mal in so eine Frau hinein: Warum will sie weg aus Polen? Was glaubt sie hier zu finden? Sie geht in ein völlig fremdes Land, vielleicht wegen des Bauernhofs oder wegen des Wohlstands, den sie sich vorgestellt hat. Und den Mann nimmt sie dafür in Kauf.« Er schaut sie an. »Am Anfang macht sie ja vielleicht noch große Augen, wenn sie das hier alles sieht, aber irgendwann fängt das Elend an. Die Leute behandeln sie wie eine Fremde, sie merkt, dass sie die Sprache niemals so beherrschen wird wie das Polnische, und außerdem, weißt du, wie katholisch die da in Polen sind? Damit braucht man den Leuten hier nicht zu kommen. Und wohin kann sie hier? Überall Fremde, sie hat Schwierigkeiten, ihre Gedanken auszudrücken und Anschluss zu finden, keine Verwandten, es gibt nicht mal einen Priester, dem sie ihr Herz ausschütten kann. Und selbst wenn, wie soll sie das tun, auf Niederländisch? Oder?«

»Jetzt tu bloß nicht so nett und verständnisvoll«, herrscht Wil ihn plötzlich an. »Das meinst du ja doch nicht so.«

»Wieso nicht?« Jan schaut sie gekränkt an. »Du hast mich was gefragt, und ich antworte. So eine Polin im Haus, ich glaube, das bringt nur Probleme. Warum bist du denn wieder so komisch?«

»Als ob ihre Probleme dich kümmern. Du schwängerst sie einfach, sie kriegt Babys, dann ist sie auch nicht mehr allein.«

Jan wendet sich seinem Teller zu. »Wir hatten, glaube ich, abgemacht, dass wir nicht so viel reden«, sagt er. »Am besten halten wir uns wieder daran.«

»Das scheint mir auch besser zu sein, ja.« Wil steht auf, stellt ihren Teller mit Wucht auf die Abtropffläche der Spüle und geht durch die offen stehende Tür des Hauswirtschaftsraums hinaus und zum Deich. Oben schaut sie lange aufs Meer, sie steigt sogar kurz an der Seeseite hinunter. Doch der Geruch des Schlicks verursacht ihr Übelkeit.

~

Mir geht einfach nicht aus dem Kopf, was dieses Arschloch gesagt hat: Du richtest dich nach Jans Wünschen. Anders gesagt: Wil bist du nur für Jan. Er hat bestimmt, dass du Wil sein sollst, nicht du selbst. Deshalb: Wenn du dich so verhältst, wie du es tust, dann tust du das nicht, weil du selbst es willst, sondern weil Jan sich dafür entschieden hat.

Stirnrunzelnd liest sie, was sie geschrieben hat.

Ich schreibe »du«, wenn ich mich meine.

Sie legt den Stift hin und verbirgt das Gesicht in den Händen. So bleibt sie eine Zeit lang sitzen. Dann hebt sie den Kopf, blickt auf ihre Hände, greift wieder zum Stift.

Ich verstehe das alles nicht mehr. Es geht über meinen Verstand. Es ist zu kompliziert. Nicht Jan hat sich dafür entschieden. Es war eine Möglichkeit, die ich selbst geschaffen habe, die ich mir selbst ausgedacht habe. Er wusste doch nichts davon. Er wusste nicht: Diese Irene, die muss sich mal eine Weile als Wil versuchen.

Aber warum wollte er Wil und nicht Irene? Warum wollte er mich nicht?

NEINNEIN, ich wollte mich nicht. Weil ich unglücklich war. War.
Remember?

~

Sie ist früh ins Bett gegangen. Jan ist noch unten. Es dämmert. Von draußen ist das klägliche Pfeifen irgendwelcher Watvögel zu hören. Sie kann nicht einschlafen, sie grübelt, aber die Gedanken verflüchtigen sich zu schnell. Sie liegt auf der Seite und schaut auf den Radiowecker neben dem Bett.

22:43

Langsam dreht sie sich auf den Rücken und folgt mit dem Blick den Tapetennähten an der Decke bis zu den Vorhängen, die sich unruhig im Wind bauschen. Sie legt die Hand auf den Bauch und horcht. Dann blickt sie wieder auf den Wecker.

22:44

»Zwei mal zweiundzwanzig gleich vierundvierzig«, murmelt sie. Sie streckt den Arm aus und tippt auf die Radiotaste. Eine Männerstimme sagt etwas über den Balkan und ein Massengrab. Sofort schaltet sie das Radio wieder aus.

22:45

Sie starrt eine Weile auf die roten Zahlen und denkt nach. »Zwei, zwei, vier, fünf«, sagt sie. »Zwei geteilt durch zwei gleich eins plus vier gleich fünf.« Sie nickt und will den Kopf wegdrehen, doch die Uhr springt auf 22:46. Die neue Aufgabe hält ihren Blick gefangen. »Zwei plus vier gleich sechs, aber dann behalte ich eine Zwei übrig. Das geht nicht.« Sie richtet sich auf die Ellbogen auf und schaut stirnrunzelnd auf den Wecker.

22:46

»Ich muss aus den beiden Zweien *eine* Zwei machen.« Sie beißt sich auf die Unterlippe. »Gleich ist es zu spät.« Sie zappelt ungeduldig mit den Füßen. »Ich darf auch quadrieren und die Wurzel ziehen«, erklärt sie nun laut. »Die Wurzel aus zwei mal zwei ist zwei, klar, also: Wurzel aus zwei mal zwei gleich zwei, plus vier gleich sechs.« Sie wird gerade noch rechtzeitig fertig.

22:47

Auf der Treppe rumort es. Sie legt sich wieder richtig hin und zieht sich die Bettdecke über den Kopf. Jan kommt herein. Er entkleidet sich schweigend und schlüpft zu ihr ins Bett. Behutsam hebt er die Bettdecke von ihrem Kopf, küsst sie aufs Haar, deckt sie wieder zu. Dann dreht er sich auf die Seite. Nach wenigen Augenblicken schläft er. Sie befreit vorsichtig ihren Kopf von der Decke. Es ist jetzt völlig dunkel.

22:54

Sie schaut, ihre Lippen bewegen sich, aber lautlos. Erst bei 00:01 schläft sie erschöpft ein. Doch schon vor vier ist sie wieder wach.

~

Die Sonne steht hoch am südlichen Himmel und scheint steil durchs Kellerfenster herein. In dem sonst feuchtkühlen Raum unter dem Haus ist es jetzt fast angenehm. Sie schreibt.

Heute muss ich eine Entscheidung treffen. Der Arzt schätzt die Schwangerschaft auf fünf Monate. Wegmachen geht nicht mehr. Einen Monat zu spät. Vier verdammte Wochen. Was will ich? Habe ich noch etwas zu wollen? Das Kind kann Ende November, spätestens Anfang Dezember geboren werden. Wann wird man es mir ansehen? Demnächst hüpfe ich wie eine fette Kröte durch die Gegend. Ob Jan denn nichts merkt? Irgendwann muss ich es ihm doch sagen.

Ihr fällt erst einmal nichts mehr ein. Dösig starrt sie eine Weile vor sich hin, dann plötzlich ist die Wut wieder da.

Ich muss mir jetzt, heute, darüber klar

Sie bricht ab, denkt nach, schreibt erneut.

Ich kann nicht nachdenken, dauernd kommen andere Gedanken dazwischen, ich kann mich nicht konzentrieren. Ich weiß, dass ich denken muss, aber ich, es rutscht mir immer wieder durch die Finger. Liste.

Sie kramt in ihren Papieren und zieht den Schreibblock heraus, den sie im Winter gekauft hatte, um darin ihre Ziele und Wünsche aufzulisten. Sie blättert, findet, liest und fasst laut zusammen: »Nicht glücklich, nicht unglücklich, selbst entscheiden, nach niemandes Pfeife tanzen, Zimmer für mich allein, erst denken, dann handeln.« Sie seufzt und legt den Block auf den Schreibtisch. Eine Zeit lang starrt sie wieder reglos vor sich hin, folgt dann mit dem Blick irgendeinem Muster auf der Wand und beobachtet schließlich fasziniert die langsam tanzenden Staubteilchen in dem Bündel Sonnenlicht, das durchs andere Kellerfenster hereinfällt. Oben hört sie undeutlich eine Uhr schlagen.

Ihr Blick verschleiert sich, langsam senken sich ihre Augenlider. So sitzt sie ein paar Minuten. Mit einem Zucken kommt sie zu sich. Sie reckt sich und drückt den Rücken durch. Dann nimmt sie ein leeres Blatt Papier und stellt eine Liste auf, nicht mit Zielen, sondern mit Zahlen. 22:00, 22:01, 22:02 bis 00:00. Sie beginnt zu puzzeln.

22:00 $2-2+0=0$

22:01 $2:2+0=1$

22:02 $2^2-2+0=2$

22:03 (bleibt nach längerem Nachdenken offen)

22:04 $2+2+0=4$

Und so weiter.

~

Sie wird bei ihrer Arbeit von Jan unterbrochen, der in den Keller herunterkommt. Anderthalb Stunden sind vergangen, sie hat es nicht gemerkt. Nur mit Mühe erfasst sie etwas von dem, was Jan sagt, aber sie dreht das Blatt mit Rechenaufgaben unter seinen neugierigen Blicken um, steht auf und schiebt ihn vor sich her, aus dem Keller, die Treppe hinauf. »Tut mir leid«, sagt sie, als sie in der Küche angekommen sind. »Ich hab die Zeit vergessen.« Jan mustert sie besorgt. »Setz dich«, sagt er. »Dann mache ich schnell was zu essen. Hast du Lust auf Pfannkuchen?«

Sie nickt. Sie setzt sich an den Tisch und verfolgt mit dumpfem Blick Jans Verrichtungen. Er hat sich eine Schürze umgebunden und fuhrwerkt mit einem Holzlöffel wüst in einer großen Rührschüssel herum. Dabei erzählt er tatsächlich von irgendetwas, das er während der Arbeit gesehen hat, doch es interessiert sie nicht. Stattdessen erregt die Milchtüte, die er auf den Tisch gestellt hat, ihre Aufmerksamkeit. 19.08.96 steht darauf. Sie zieht die Stirn in Falten und konzentriert sich auf die Zahlen. »Kannst du mir die Milch geben, Wil?«, fragt Jan und dreht sich um. Sie reagiert nicht. Jan betrachtet sie eine Weile. »Geht's dir gut?«, fragt er.

»Ich müsste aus der Null eine Eins machen können, dann hätten wir ganz einfach minus eins plus neun minus eins plus acht minus neun gleich sechs«, murmelt sie.

»Was?«

Wil hebt den Kopf. Sie schnippt mit den Fingern. »Wie war das noch«, sagt sie. »War *Sinus* null gleich eins, oder war es *Kosinus* null?«

»Mensch, Wil. Was machst du denn eigentlich?«

»Ich glaube, es war Kosinus null. Sinus und Kosinus sind

nämlich auch erlaubt! Dann haben wir, Moment, minus eins plus neun minus Kosinus null plus acht minus neun gleich sechs! Siehst du?« Sie lächelt, aber die Ringe unter ihren Augen sind bläulich, ihr Blick immer noch dumpf. Jan nimmt die Milchtüte, liest das Datum und schaut wieder Wil an.

»Geht's dir gut?«, fragt er noch einmal, er setzt sich mit der Rührschüssel an den Tisch.

»Sehr gut«, sagt sie. Ihr Blick verrät, dass sie sich allmählich wieder seiner Gegenwart bewusst wird. »Ich bin nur ein bisschen müde. Hab nicht besonders gut geschlafen.«

Jan betrachtet sie noch eine Zeit lang forschend, doch sie schaut nur die Rührschüssel an. »Was willst du backen?«, fragt sie.

~

Nach dem Essen ist sie nach oben gegangen, um zu schlafen. Jan schlendert durchs Haus und landet vor der Kellertür. Er zögert, entfernt sich, kommt zurück, öffnet lautlos die Tür und geht in den Keller hinunter. Auf dem Schreibtisch liegt das Blatt Papier, das Wil umgedreht hat. Er hebt es auf, um zu sehen, was sie vor ihm verbergen wollte. Es sind vier Spalten mit Rechenaufgaben. Jan starrt sie eine Weile an, setzt sich, schüttelt den Kopf. »Was ist das jetzt wieder«, sagt er. Doch nach einer Weile hellt sich seine Miene auf. »Also so was«, murmelt er und legt das Blatt weg. Dann nimmt er den Schreibblock in die Hand. Als er ihn schon aufschlagen will, überlegt er es sich anders und legt ihn zurück.

Kurz danach schleicht er die Treppe zum Schlafzimmer hinauf. Die Tür steht offen. Er schaut ins Zimmer. Wil liegt hellwach im Bett, den Blick starr auf den Wecker gerichtet. »Du schläfst nicht?« Jan geht zu ihr und setzt sich auf den Bettrand. Es ist 14:57 Uhr. »Ist der Wecker so interessant?«

»Musst du nicht an die Arbeit?« Sie zieht die Bettdecke bis zum Kinn hoch und schaut ihn an. »Ich bin nicht in Stimmung für Sex.«

»Ich wollte nur sehen, ob's dir gut geht.«

»Mach dir keine Sorgen. Musst du nicht arbeiten?«

Jan nickt. »Ich fange gleich an«, sagt er. »Aber ... sag mal, liegst du oft wach?«

»Nein, nein, ich schlafe gut, nur letzte Nacht nicht. Also bitte, frag nicht mehr. Geh runter. Ich stehe gleich auf.«

Jan erhebt sich und geht in den Flur hinaus. An der Treppe bleibt er stehen. »Ich muss am Nachmittag noch in die Stadt«, sagt er. »Hast du Lust mitzukommen?«

Sie erscheint in der Tür. »Ja«, antwortet sie. »Gute Idee.«

~

Sie sind auf dem Weg in die Stadt. Jan fährt. Wil starrt geradeaus auf die Straße.

»So eine Polin, ist die den Leuten hier nicht lieber als eine aus Amsterdam?«, fragt sie. »Ich meine, ich könnte mir gut vorstellen, dass sie mit polnischen Bäuerinnen wenigstens noch was anfangen können. Mehr als mit Menschen wie mir.«

»Sind diese Polinnen denn Bäuerinnen?«, fragt Jan.

»Wieso fragst du, ob das Bäuerinnen sind? Natürlich sind das Bäuerinnen.«

Jan zuckt mit den Schultern. »Wüsste nicht, warum das Bäuerinnen sein sollen. Finde ich ehrlich gesagt sogar ziemlich unwahrscheinlich. Und was die Leute hier von ihnen halten? Der eine dies, der andere das.«

»Was soll ich damit anfangen«, murmelt Wil. Sie seufzt, einen Augenblick herrscht Schweigen. »Und deine Mutter?«, hakt sie nach. »Wurde deine Mutter im Dorf akzeptiert?«

»Meine Mutter war nicht so oft im Dorf. Aber am Ende sind sie ja da hingezogen. Also ging es wohl, glaube ich.«

»Und du, war es nicht schlimm für dich, hier aufzuwachsen?«

»Was für Fragen«, sagt Jan. Er schaut sie von der Seite an. »Wieso bist du auf einmal so gesprächig? Bist du auf Streit aus?«

»Nein, ehrlich nicht, ich möchte nur wissen, ob es nicht schlimm für dich war, hier unter diesen Leuten aufzuwachsen. War deine Mutter nicht unglücklich wegen dir, ich meine, weil sie dich hier bekommen hatte, obwohl sie ja nicht von hier war, oder, ach, wie soll ich das ausdrücken?«

»Ich hab nie darüber nachgedacht, dass ich hier aufgewachsen bin«, antwortet Jan. »Und als ich es dann doch getan hab, war ich schon erwachsen. Ein Kind denkt eben wie ein Kind, oder? Und ich weiß nicht, wie du das meinst, ob meine Mutter wegen mir unglücklich gewesen ist. Sie hat oft gejammert, das ja, aber nur, wenn mein Vater nicht da war. Wenn er da war, dann hatte sie das Sagen. Was meinst du denn mit unglücklich?«

»Gejammert?«

»Ach, dass mein Vater nicht da ist und dass ich lieb zu ihr sein soll und Tee kochen und mich zu ihr setzen und ein Buch lesen. Immer war irgendwas.«

»Sie war verbittert.«

Jan denkt nach. »Sie wollte ein bisschen Zuwendung von mir.«

»Wo du schon mal da warst, wollte sie schlicht und einfach die einzige Frau in deinem Leben sein.«

»So ein Quatsch«, sagt Jan. »Wir reden hier von meiner Mutter. Und ich hätte ruhig ein bisschen netter zu ihr sein können.« Er verstummt, innerlich aufgewühlt.

»Sie hatte dich in der Zange, und das hat sie immer noch.«

Das geht Jan zu weit. »Sprich nicht so über meine Mutter!«, fährt er Wil an.

»Siehst du, jetzt wirst du wütend, ich habe recht.«

»Halt den Mund!«

»Sag mal, spinnst du?«

»Halt den Mund. Ich will nicht, dass du so von meiner Mutter sprichst.«

»Ich lass mir von dir nicht den Mund verbieten.«

»Du redest nicht so über meine Mutter!«

»Ich sage, was ich will.«

Jan bremst scharf. Wil wird nach vorne in den Gurt gedrückt. »Pass doch auf!«, schreit sie und fasst sich an den Bauch. »Bist du verrückt geworden?!«

Der Wagen driftet plötzlich schräg über die Straße. Jan braucht ein paar Sekunden, um ihn wieder unter Kontrolle zu bekommen. Er lenkt ihn an den Straßenrand und lässt ein entgegenkommendes, schon hupendes Auto vorbei. Dann fährt er wieder an. »Ich bin wütend«, sagt er.

»Arschloch.« Sie umklammert ihren Gurt und versucht, ruhig zu atmen. »Mit welchem Recht bringst du mein Leben in Gefahr? Kannst du dich nicht beherrschen?!«

Jan schaut schweigend geradeaus. Sein Zorn weicht langsam einer tiefen Niedergeschlagenheit. »Wir fahren zurück«, verkündet er und bremst vor einer Einmündung ab.

»Wie, wir fahren zurück?«, fragt Wil. »Ich will in die Stadt!«

»Von mir aus«, sagt Jan. »Aber ich fahre erst zurück, dann kannst du allein hin. Ich hab keine Lust mehr.«

»Na toll, und wenn ich ankomme, sind die Läden zu. Da kann ich auch gleich zu Hause bleiben. Danke!«

Jan schlägt hart aufs Lenkrad. »Dann bring mich gefälligst nicht so auf die Palme, verfluchte Scheiße noch mal! Ich wollte in die Stadt fahren, um dich ein bisschen aufzuheitern, und du hast nichts anderes im Sinn, als mich zur Weißglut zu bringen. Fahr allein weiter!«

Er hält am Straßenrand an, steigt aus und knallt die Tür zu. Ohne sich umzudrehen, geht er in die Richtung, aus der sie gekommen sind.

Wil kurbelt das Fenster herunter und schreit: »Stell dich nicht so an!« Dann steigt sie über den Schalthebel auf den Fahrersitz um. Sie schaut in den Rückspiegel und sieht Jan, der sich auf der Straße schnell von ihr entfernt. Links und rechts das üppige Grün der Zuckerrübenblätter, dazwischen der entschlossene Schritt des Bauernsohns auf dem Weg zum Horizont.

»Kleinkind«, sagt sie, aber schon weniger wütend. Kopfschüttelnd streckt sie die Hand nach dem Zündschloss aus. Doch der Schlüssel steckt nicht. Und sie selbst hat keinen.

Sie muss wahrhaftig lachen, steigt aus und sieht, wie Jan in einiger Entfernung den Schritt verlangsamt, auf seine Hosentasche klopft, stehen bleibt. Er holt etwas aus der Tasche und dreht sich um. Sie zögert einen Moment, winkt dann aber doch.

~

Sie sind noch in die Stadt gefahren, schweigend und manchmal sogar lächelnd, und haben den Wagen außerhalb des Zentrums an der Gracht geparkt. Auf dem Weg in die Innenstadt hängt sich Wil bei Jan ein. Vor einem Schaufenster mit Schuhen bleibt sie stehen. Jan macht sich los und geht zum nächsten Laden, vor dem man eine heruntergesetzte Gefriertruhe auf den Gehweg gestellt hat. Er betritt das Geschäft und schaut sich eine Weile suchend um. Dann fragt er einen Verkäufer nach einem Radiowecker mit Zifferblatt statt Digitalanzeige.

»So etwas habe ich nicht«, antwortet der Verkäufer.

»Sonst vielleicht jemand?«, fragt Jan.

»Danach brauchen Sie in der Stadt nicht zu suchen, das finden Sie nirgends, weil die Leute das nicht wollen.«

»Ich schon«, sagt Jan.

»Nein, wirklich, das wollen die Leute nicht. Aber wenn der Herr einen Radiowecker sucht, dann …«

Jan hört nicht mehr zu. Durch die Schaufensterscheibe hat er Wil gesehen, die sich neben der Gefriertruhe verwirrt umschaut. Er verlässt den Laden und tippt ihr auf die Schulter.

»Ich hatte dich aus den Augen verloren«, sagt sie.

Jan zeigt auf die Gefriertruhe. »Runtergesetzt«, sagt er. »Haben?«

»Um Himmels willen, Jan.« Sie nimmt seinen Arm und geht los. »Wir trinken was. Wenn wir schon mal in der Stadt sind, müssen wir das auch genießen.«

»Richtig«, sagt Jan.

~

Vor dem ersten Café, zu dem sie kommen, setzen sie sich an einen der draußen aufgestellten Tische. Es ist warm, aber bewölkt, drückend. Jan betrachtet den Himmel. »Gleich wird's ordentlich regnen«, sagt er. Er denkt an die Kartoffeln und seufzt zufrieden.

Wil nickt. Sie starrt über seine Schulter auf die andere Straßenseite, holt dann tief Luft und sagt: »So.«

Jan erhebt sich, um auf dem schmalen Stück Gehweg eine Frau mit Kinderwagen vorbeizulassen. Wils Blicke schweifen wieder zur gegenüberliegenden Straßenseite. Jan folgt ihnen, doch drüben ist weiter nichts zu sehen: ein Kinderbuchladen, ein Delikatessengeschäft, ein Laden für Schwangerschafts- und Babyartikel und ein Bettenspezialist. Und Fußgänger. Das ist alles.

»Siehst du da was?« Jan setzt sich wieder hin. »Oder denkst du an was?«

»Ich weiß nicht«, sagt sie. Hoch über dem Lärm der Stadt rollt lang anhaltender Donner. Ein Kellner bringt ihre Getränke. Jan bezahlt. Jemand schnauzt einen Radfahrer an, der gegen die Einbahnstraße fährt. Das Baby im Kinderwagen beginnt zu schreien.

»Man spürt es immer, wenn ein Gewitter kommt. Man merkt es den Leuten an. Auf einmal haben sie's eilig. Man kann nichts dagegen tun, es kommt so oder so. Was meinst du, wenn etwas Unvermeidliches bevorsteht, findest du dich gelassen damit ab, oder hast du's dann auch auf einmal eilig?«

»Kommt drauf an«, sagt Jan. »Wenn ich noch Weizen einfahren müsste, hätte ich es sehr eilig.«

»Wenn's dafür aber zu spät ist?«

»Dann würde ich mich vor den Kopf schlagen, weil ich es so weit hab kommen lassen, und dann ruhig abwarten, bis es wieder trocken ist.«

Der Himmel ist nun merkwürdig gelb geworden. In einiger Entfernung, am Ende der Straße, zuckt ein Blitz zu dem Kirchturm herab, der am Marktplatz alles andere weit überragt. Jan zählt. Der Donner kommt schnell und gewaltsam. Dicke Tropfen klatschen auf den Tisch. Sie leeren beide rasch ihre Gläser und stehen auf. Schon prasselt der Platzregen auf sie nieder.

Wil packt Jan am Arm und zieht ihn rennend zur anderen Straßenseite. Sie springt in den Babyladen, Jan springt hinterher. »So«, sagt Wil. »Erst mal im Trockenen.«

Draußen tobt das Unwetter jetzt in aller Heftigkeit. Jan starrt reglos hinaus, aber Wil hat sich umgedreht und steht Auge in Auge einer Verkäuferin gegenüber. »Suchen Sie etwas Bestimmtes?«

»Wir wollen uns nur ein bisschen umsehen, danke«, antwortet Wil und zieht Jan an seinem T-Shirt tiefer in den Laden hinein. »Am besten tun wir so, als ob wir wirklich suchen«, flüstert sie. »Das erspart uns das Gequassel der Verkäuferin. Ich kaufe irgendwas Kleines, dann können wir bleiben, bis es wieder trocken ist. Komm.« Schweigend gehen sie an Kästen mit Söckchen, Stramplern und Hemdchen vorüber zu den Kinderstühlen. Eine Weile betrachten sie, sparsam Kommentare austauschend, die Buggys und Babytragetaschen.

»Sieh mal hier«, sagt Wil und zieht hinter einer Reihe von Dreirädern einen kleinen grünen Traktor hervor. Jan kichert. »Falsche Marke«, sagt er. »Der kommt mir nicht auf den Hof.«

»Das weiß ein Kind doch nicht«, erwidert Wil.

»Aber ich.«

Wil lacht sogar und wendet sich mit einem kleinen Hüpfer einem Regal voller Plüschtiere zu. Der Regen hat aufgehört. »Was meinst du, welches sollen wir nehmen?«

Jan inspiziert den Bestand. »Ich hab's nicht so mit Tieren«, sagt er.

»Sie kommen noch zurecht?« Die Verkäuferin unternimmt einen zweiten Annäherungsversuch.

»Ja, danke«, sagt Wil. »Wir nehmen diesen Bären und das Sortiment Babysachen in der großen grünen Schachtel. Ich erwarte mein Kind im November, und wir wohnen ziemlich abgelegen und ungeschützt, es kann da richtig kalt sein, auch wenn einem das jetzt mitten im Sommer unwahrscheinlich vorkommt, aber es beruhigt mich, wenn ich weiß, dass ich die Kleine warm einpacken kann, das können Sie sich bestimmt vorstellen.«

Das kann sich die Verkäuferin in der Tat vorstellen, wenn sie auch anmerken muss, dass Babys mehr vertragen können als häufig angenommen.

»Ja, man kann sie auch schnell *zu* warm einpacken«, bestätigt Wil. Jan wendet sich ab und konzentriert sich auf einen Kasten voll heruntergesetzter Söckchen.

»Wenn wir schon mal dabei sind«, hört er Wil hinter sich sagen, »ich bin jetzt im fünften Monat, und eigentlich ist kaum etwas zu sehen. Ab wann werde ich denn Umstandskleidung brauchen?«

Die Verkäuferin setzt zu einer nuancierten Erklärung an. Jan unterdrückt mühsam ein Kichern und geht zum anderen Ende des Ladens. Als er die Selbstbeherrschung wiedergewonnen hat, kehrt er zurück. Wil bezahlt gerade. Kurz danach verlassen sie mit einem Plüschbären und einem Sortiment Babykleidung den Laden. Jan lacht laut auf. »Wie du lügen kannst.«

»Wenn du wüsstest«, entgegnet Wil, und dann sind sie auf einmal so fröhlich miteinander wie nie zuvor.

~

Die Stadt ist sauber gewaschen und riecht nach Asphalt und Dampf. Der Nachmittag nähert sich dem Ende. Wil hat an einem Arm Jan und im anderen den Bären. Es ist warm. Sie schlägt vor, irgendwo essen zu gehen. Er sagt, dazu habe er auch Lust.

Bald darauf haben sie es sich im schattigen Garten hinter einem Restaurant bequem gemacht. Der Bär sitzt still auf dem Tisch. Sie haben bestellt. Die Pizzabrötchen mit Kräuterbutter haben sie schon verzehrt, aber das Essen lässt auf sich warten. Es ist noch früh und sehr ruhig. Jan schaut sich um. Wil schaut Jan an. Sie zögert.

Dann sagt sie, dass sie es schön findet, auch einmal auswärts zu essen. Und Jan sagt, dass er das auch schön findet. Und kurz danach sagt er, dass er gespannt ist, ob das Essen hier schmeckt, und dass es doch ziemlich lange dauert, bis es kommt. Wil sagt, dass sie es nicht eilig haben. Und dann sagt Jan, dass sie da eigentlich recht hat.

Ein Kellner kommt an den Tisch und fragt, ob sie zum Essen vielleicht eine Karaffe Wein haben möchten, doch sie möchten keinen Wein. Wil sagt: »Für mich keinen Alkohol«, und Jan sagt: »Für mich bitte ein Bier.« Worauf der Kellner Wil fragt, was sie denn trinken möchte, und darüber muss sie einen Moment nachdenken. »Denn eigentlich«, sagt sie, »hätte ich schon gern einen Wein, aber es ist besser, wenn ich keinen trinke.« Und dann schaut sie Jan an, doch der hebt die Hände zum Zeichen dafür, dass er dann auch nicht weiß, was sie trinken soll. Es fällt keine Entscheidung. Der Kellner bringt schließlich nur ein Glas Bier für Jan und kurz darauf das Essen. Auf dem Tisch ist zu wenig Platz, weshalb der Bär ihn verlassen muss.

Sie essen. Und danach zahlen sie, gehen an der Gracht entlang zum Auto und fahren nach Hause. Der Bär sitzt auf der Rückbank.

Am Abend im Bett stellen sie fest, dass der Radiowecker kaputt ist.

Jan weiß auch nicht, woran es liegt.

X

WARTEN

Vom Traktor aus sieht Jan, wie in einiger Entfernung das rote Postauto an seinem Briefkasten anhält. Der Postbote hantiert kurz am Kasten, steigt wieder ein und fährt ihm entgegen. Jan weicht ein kleines Stück auf den unbefestigten Straßenrand aus, der Postbote tut das Gleiche. Als sie aneinander vorbeifahren, ruft der Postbote ihm durchs offene Seitenfenster etwas zu. Jan versteht ihn nicht, sieht aber noch, dass der Postbote ihm die Faust mit erhobenem Daumen entgegenstreckt.

Da ist er schon vorbei. Jan dreht sich um und blickt ihm nach. Dann fährt er zum Briefkasten weiter, hält an und nimmt die Post heraus. Eine Rechnung, die Zeitung von gestern und eine Zeitschrift, auf deren Cover ein Baby, offenbar gerade gewaschen, in einen Spiegel schaut. *Frisch gebadet … UNWIDERSTEHLICH* steht dabei. Jan starrt die Titelseite an. *Alle Unterschiede zwischen Jungen und Mädchen,* liest er, und: *Schwanger: Jetzt bestimmen die Hormone einfach alles.*

Perplex betrachtet Jan die Zeitschrift von vorn und hinten, schaut kurz zum Hof hinüber und steigt auf den Traktor, der mit laufendem Motor vor der Einmündung des Betonplattenwegs steht. Hinter dem leicht zitternden Lenkrad blättert er die

Zeitschrift durch. Instinktweckende Bilder von Bläschen blasenden Babys. Mütter mit ihren Säuglingen auf dem Arm. Große, pastellfarbene Überschriften mit Signalwörtern wie *STILLEN, HORMONE, ZUKUNFT, SCHWANGERSCHAFT UND SEX*. Er schaut wieder aufs Cover. *WIR JUNGEN ELTERN* heißt das Blatt. Jan legt es ab und starrt übers Lenkrad auf die Straße, die sich schnurgerade vor ihm ausstreckt. Dann lenkt er den Traktor auf die Zufahrt und tuckert auf den Bauernhof zu.

Als er ankommt, erscheint gerade Wil auf der Deichkrone. Sie ist eine Weile auf dem Deichvorland umhergeschweift und nun auf dem Heimweg. Vor der Tür zum Hauswirtschaftsraum begegnen sie sich. Wil sagt »Hi« und zottelt ins Haus. Jan sagt, er hätte jetzt gern einen Kaffee, und folgt ihr. In der Küche legt er die Post auf den Tisch, die Zeitung obenauf. »Ich hab die Post mitgebracht«, sagt er. Dann setzt er Wasser auf und schaut Wil dabei zu, wie sie am Tisch Platz nimmt. Er beobachtet sie schräg von hinten, ohne sich zu rühren. Sie legt die Zeitung zur Seite und blickt nun direkt auf das Magazin. Sie nimmt es in die Hand. Eine Zeit lang sitzt sie wie erstarrt, den Blick auf das Baby auf dem Cover geheftet. Es ist still in der Küche.

Jan geht zum Barometer und tippt aufs Glas. »Hast du den Wetterbericht gehört?«, fragt er.

»Nein«, antwortet Wil. »Nicht mehr dran gedacht.« Und sie legt die Zeitschrift mit der Rückseite nach oben ab. *Vier lebenswichtige Fragen* steht bei einem Foto von einem schlafenden Säugling, und darunter: *Eine einfache Antwort.*

»Und wenn sie zehn Mal vorhersagen, dass es trocken bleibt«, sagt Jan, »ich hab kein gutes Gefühl. Hoffentlich täusche ich mich.«

»Wirst es bald wissen.«

Und dann trinken sie Kaffee.

~

Jan hat die Küche verlassen. Wil blättert in *WIR JUNGEN EL-TERN* und liest sich fest. Doch nach kurzer Zeit beginnt sie sich zu ärgern. Seufzend wirft sie das Heft auf den Tisch. Dann nimmt sie es wieder in die Hand und liest, einen anderen Artikel, der ihre Stimmung aber nicht verbessert. Sie blättert noch ein bisschen, nimmt schließlich die Zeitschrift, geht zum Telefon und wählt die Nummer des großen Zeitschriftenverlags. Es entspinnt sich ein unfreundliches Gespräch. Eine geduldige Mitarbeiterin fragt, ob vielleicht eine von Wils Freundinnen so nett gewesen sein könnte, die Zeitschrift für sie zu abonnieren.

»Ich habe keine nette Freundin«, antwortet Wil.

»Soll ich Sie dann aus unserer Liste streichen? Wie hieß diese Zeitschrift noch?«

Wil zögert. »Nein, jetzt ist es sowieso zu spät«, sagt sie. »Aber etwas anderes«, fährt sie fort, »Sie schreiben in dem Blättchen, dass in der Schwangerschaft die Hormone alles bestimmen. Finden Sie das nicht respektlos?«

»Wie meinen Sie, respektlos? Gegenüber wem?«

»Ich weiß noch sehr gut, was ich tue, glauben Sie mir. Muss ich vielleicht, nur weil ich zufällig schwanger bin, mit dösigem Blick rumlaufen, Babypullis stricken, Babyzimmer einrichten und Babyblättchen lesen?«

»Ich bin keine Redakteurin, deshalb weiß ich nicht, ob das so gemeint war. Wir geben Dutzende von Zeitschriften heraus. Was sagten Sie, wie diese heißt?«

»Und dann kommt da so eine Frau zu Wort, die gerade Mutter geworden ist«, fährt Wil fort, »und die sagt, schwanger sein wäre etwas von einem selbst. Also, ich kann Ihnen versichern: Wenn es in körperlicher Hinsicht etwas gibt, das nicht von einem selbst ist, sondern was jemand anders einem antut, dann ist das eine Schwangerschaft. Eine Triefnase oder Durchfall, die können ja vielleicht von einem selbst sein, aber schwanger wird man nun wirklich von jemand anderem. Warum wird bei euch kein bisschen auf inhaltliche Qualität geachtet? Es ist nämlich *nicht* so, dass die Hormone bei Schwangeren den Verstand ausschalten und dass man jeden Blödsinn schluckt, sobald ein Foto von einem Baby dabei ist.«

»Wenn Sie sich zum Inhalt von Artikeln äußern möchten«, unterbricht sie die Verlagsmitarbeiterin, »können Sie sich schriftlich an die Redaktion wenden. Ich bin nur für Werbung und Abonnements zuständig. Ich glaube, die Zeitschrift, die Sie meinen, geben gar nicht wir heraus. Wie heißt sie?«

Doch Wil ist nicht mehr aufzuhalten. »Warum soll ich plötzlich auf irgendwelchen Windelhersteller-Schmus scharf sein oder auf fade Pastellfarben oder auf Fotos von politisch korrekten Vätern, die sich mit ihrem Baby auf dem Boden wälzen? Wahrscheinlich, weil ich selbst auf einmal eins im Bauch habe?! Eine werdende Mutter ist ganz einfach eine Frau, die zufällig ein Baby erwartet. Ich bin durchaus noch bei klarem Verstand!«

»Bitte warten Sie einen Moment, ich muss nur kurz einen anderen Anruf entgegennehmen.«

»Nein, ich warte keinen Moment!« Doch die Verlagsmitarbeiterin ist schon weg. Wil wirft den Hörer auf die Gabel. Sie steht auf, faltet das Heft zusammen und stiefelt in die Küche, wo sie es mit gezieltem Schwung in den Mülleimer befördert. Dann geht sie in den Flur und stolpert über den Karton, der dort schon seit Monaten steht. Es ist der Karton mit Familienfotos. Sie stößt einen derben Fluch aus. »Jan!!!«, brüllt sie. »Räum endlich deinen Krempel weg!! Ich schmeiß den alten Mist auf den Sperrmüll!!«

Offensichtlich hat sie nicht damit gerechnet, dass Jan noch in Hörweite sein könnte, denn sie erschrickt, als er von der Scheune her in der Tür erscheint. Er macht ein paar Schritte auf sie zu, seine Gestalt füllt den niedrigen und schmalen Flur beinahe aus. Schweigend hebt er den Karton auf und trägt ihn in den Wohntrakt, durch die Küche ins Wohnzimmer. Dann kehrt er in die Küche zurück, in der Wil am Fenster steht.

»Alles okay?«, fragt er.

»Nein«, sagt sie.

»Was ist denn?«

»Weiß nicht, ist auch egal. Alles, was ich sage, macht es nur schlimmer. Ich geh mal ein Stück den Deich entlang. Ich hab nicht so gut geschlafen, das ist alles.«

Jan nickt. Als Wil weg ist, geht er zum Telefon und führt ein kurzes Gespräch. Anschließend packt er im Wohnzimmer die eingerahmten Fotos aus. Er hängt sie alle wieder dort auf, wo sie gehangen haben, bevor seine Eltern sie mitnahmen. Die Haken sind noch in der Wand.

~

Ich schlafe nicht mehr, es ist zum Verrücktwerden. Abends habe ich Angst davor, ins Bett zu gehen. Schon wieder eine Nacht, wieder wach liegen, wieder das Ganze von vorn. Todmüde bin ich, aber sobald ich im Bett liege, wälze ich mich nur und denke, dass mir etwas passieren wird. Ich würde so gern schlafen! Zwischen zwei und vier schlummere ich dann kurz, aber anschließend bin ich wieder wach. Dann ist mir warm, mein Herz hämmert, ich sehe meine Hände, meine Arme, aber sie sind mir fast fremd, so groß und so weit entfernt, ich komme mir vor wie ein Kind im Körper eines Riesen. Und alles ist so sinnlos, auch diese Schreiberei ist sinnlos, sie kostet mich so viel Kraft, ich

muss mich dazu zwingen, ich muss meiner Hand befehlen: Schreib!
Die Hand ist nicht meine, trotzdem erschöpft es mich, sie zu bewe-
gen. Am Tag ist es nicht viel besser als nachts, wenigstens denke ich
tagsüber nicht ununterbrochen, dass mir etwas passieren wird. Und
schläft das Kind nun die ganze Zeit, wacht auf und schläft wieder, als
ob alles in Ordnung wäre? Oder war es überhaupt noch nie wach? Im
schlimmsten Fall ist es auch noch behindert. Ich habe getrunken, ich
habe weiter die Pille genommen, kann ihm das geschadet haben?

Jan hat einen Mann aus dem Dorf kommen lassen. Sie stehen in
der Scheune und tuscheln und starren ins Dach hinauf. Bestimmt
wollen sie endlich dieses Schlafzimmer einbauen. Ich muss an die
Schwalbennester denken, die unterm Dach kleben und die er wegma-
chen muss, wenn er anfängt. Und wozu jetzt noch? Wenn das Kind
geboren ist, können wir da sowieso nicht mehr schlafen. Es ist zu weit
vom Vorderhaus entfernt, man würde nachts kein Schreien hören. Ich
habe solche Angst, wie soll ich für das Kind sorgen? Ich will nicht, ich
kann es nicht, ich schaffe das alles nicht. Und im schlimmsten Fall ist
es behindert.

»Und was dann?«, flüstert sie. Ihr Blick wird hart, als sie weiter-
schreibt.

Ich bin hergekommen, um zu bleiben, nicht nur, um hier eine Art
Basis zu haben, sondern um für immer hier zu bleiben, hier zu woh-
nen, hier zu sein. Jetzt kommt dieses Kind, und ich werde dadurch ans
Haus gebunden sein, nicht mehr ich selbst entscheide, sondern etwas
anderes. Und das macht mich wütend.

»Wie klingt das?« Sie liest sich das Geschriebene laut vor, mit
fester Stimme, wie um sich selbst zu überzeugen.

~

Am nächsten Morgen fährt ein Auto mit Anhänger vor. Auf dem Anhänger liegt ein Stoß starker Balken. Sie werden abgeladen und in der Scheune aufgestapelt. Wenig später wird ein neues Gerüst gebracht und aufgebaut.

Es wird ein lauter Tag mit lärmenden Bauarbeitern, einer kreischenden Kreissäge und einem plärrenden Transistorradio, das Musik von regionalen Bands spielt.

Als am Ende des Tages alle wieder weg sind und man in der Scheune nur noch die Rufe von Vögeln rings ums Haus hört, sind die Balken als raffiniert stützende Elemente in der Dachkonstruktion befestigt. Am Fuß des Gerüsts liegen Dutzende von Schwalbennestern. Jan begutachtet das Ergebnis der Arbeiten. Den Kopf in den Nacken gelegt, die Hände verschränkt, geht er langsam ein paar Schritte rückwärts. Dann zieht er die Stirn kraus und wirft einen Blick auf die Sohle seines Gummistiefels. Er humpelt hinaus. Nach ein bisschen Schaben an der Kante einer hochstehenden Betonplatte ist die Sohle wieder sauber genug, und so kann er ins Haus gehen und Wil begrüßen und über die Vorgänge des Tages kein Wort verlieren.

~

Es ist etwa vier Uhr morgens. Jan ist unruhig. Wil liegt wach und horcht auf sein Stöhnen und Wälzen. Dann sieht sie ihn neben sich im neuen Schlafzimmer liegen. Draußen nähert sich ein Gewitter, vom Meer her. Es wird so dunkel, dass sie nichts mehr erkennen kann. Ein Blitz. Es bleibt still. Aber es wird heiß. Sie fährt hoch. Sie hört ein Knistern. Es hält an. Es breitet sich über die Dachschrägen aus, bis es das ganze Schlafzimmer umspannt. Jan schläft, Jan wacht nicht auf. Das Dach steht in Flammen. Sie schnellt auf, ein zweites Mal. Sie schüttelt Jan. Doch Jan rührt sich nicht. Sie schreit, dass er aufwachen muss.

Wil wacht auf. Sie wirft die Bettdecke zurück. Jan sitzt aufrecht im Bett. »Ganz ruhig«, sagt er. »Alles ist gut, ganz ruhig.« Sie fasst sich an die Stirn. »Es hat gebrannt«, erklärt sie. »Im neuen Schlafzimmer.«

»Du bist ganz verschwitzt«, sagt Jan. »Es war zu warm unter der Decke.«

»Ja«, sagt sie, und dann: »Ist schon wieder gut.«

Jan streicht ihr kurz übers Haar. »Nächste Woche wird es fertig.«

Sie zieht die Bettdecke aus dem Bezug und wirft sie neben das Bett. »Komm, schlafen«, sagt sie.

»Ja«, sagt Jan, und dann ist es eine Weile still. »Freust du dich, wenn das Schlafzimmer endlich fertig wird?«, fragt er plötzlich.

Wil zögert. »Jan?«

»Ja?«

»Das Schlafzimmer …« Sie bricht ab.

»Ja?«

»Bist du auch vorsichtig auf dem Gerüst?«

»Ich bin vorsichtig.«

~

Jan wird wach, weil Wil aus dem Bett steigt. Sie verlässt das Zimmer. Er blickt ihr nach. Als er die Dusche hört, steht er auf und geht leise zum Badezimmer. Er öffnet die Tür einen Spalt, nur so weit, dass er Wil im Spiegel sehen kann. Er schaut nach ihrem Bauch, ihren Brüsten. Dann öffnet er die Tür ganz und geht hinein.

»Guten Morgen«, sagt er.

Wil unternimmt keinen Versuch, ihren Körper vor ihm zu verbergen.

Es ist auch nichts Ungewöhnliches daran zu sehen.

~

Schon die ganze Woche über sind mehrere Bauarbeiter oben in der Scheune beschäftigt. Manchmal hilft Jan mit, meistens ist er aber auf dem Acker. Wil hat die Fortschritte noch nicht in Augenschein genommen. Bevor die Männer kommen, zieht sie sich in den Keller zurück. Wenn sie auf den Deich möchte, geht sie durch die Tür an der Vorderseite des Hauses, also die Tür, die sonst nie offen ist, und an der blinden Seite des Bauernhofs vorbei. Zurück nimmt sie den gleichen Weg.

Nach einem Ausflug ins Deichvorland hat sie sich im Keller in ihren Sessel gesetzt. Sie versucht, ruhig zu atmen. Sie liest. Die Sonne scheint. Von schräg oben dringen vage das Gehämmer und Musik aus dem Radio in ihr Bewusstsein. Sie legt das Buch hin und will das Lesezeichen zwischen die Seiten stecken. Aber es passt nicht und fühlt sich schwer an. »Hab ich geschlafen?«, sagt sie. In ihrer Hand sieht sie einen gebogenen Metallstift. »Was ist das denn?«, sagt sie. Dann erschrickt sie und sagt: »Der ist vom Gerüst, den hab ich vom Gerüst weggenommen. Jetzt passiert es.« Sie hebt den Kopf und horcht angestrengt. Es ist still, sehr, sehr still. »Ich kann es nur hören, wenn ich ganz still bin.« Angst erfasst sie. »Ich hab es wieder getan, es ist wieder meine Schuld.« Sie rutscht auf dem Sessel herum. »Aber ich muss doch nicht warten, bis es passiert!?« Sie springt auf, ihre Unruhe wächst. Sie horcht weiter. Sie steigt die Stufen zur Kellertür hinauf, vorsichtig. »Ich will das gar nicht tun, lieber

Jan«, flüstert sie. »Ich war es nicht. Wil war das.« Ihr Herz rast. Von oben ist ein Poltern zu hören. Es beginnt leise, schwillt aber rasch an. Sie wird nun sehr blass. Ihre Hand umklammert fest den Metallstift, als sie die Wohnräume betritt. Wieder ein Rumpeln. »Es stürzt ein«, sagt sie. »Und ich will es gar nicht. Warum hab ich das getan? Es ist meine Schuld.« Sie reibt sich über die Stirn und schleicht durch den Flur zur Scheune. Ein gewaltiger, dumpfer Knall lässt das Haus erzittern. »Jan«, flüstert sie. Sie öffnet die Tür. Es ist dunkel. Das große Tor ist offen. Draußen gießt es wie aus Eimern. Jan steht im Tor, die Hände in die Seiten gestemmt, und schaut zum Himmel hinauf. »Jan, du lebst noch«, sagt sie, wobei sie den Metallstift hochhält. Jan dreht sich um und geht auf sie zu.

»Ganz schönes Unwetter, was?«, sagt er. Dann fällt ihm ihre erhobene Hand auf. »Was ist das?«

Sie schaut ihre Hand an und sieht die Haarklammer. »Ich dachte, du wärst tot«, sagt sie. »Entschuldige. Ich fühle mich nicht besonders.«

»Du trägst dein Haar offen«, sagt er anerkennend und streicht ihr rasch über den Kopf, als würde er etwas Verbotenes tun. Draußen ertönt wieder ein dumpfer Schlag. Er legt ihr den Arm um die Schultern. »Früher hatte ich Angst vor Gewittern, und ich mag sie immer noch nicht«, sagt er. »Sie bleiben hier immer lange hängen. Das liegt am Meer.« Er lächelt freundlich. »Wahrscheinlich ist es Blödsinn, aber ich bin froh, dass sie heute Nachmittag das Gerüst abgebaut haben. All das Metall zieht nur Blitze an.«

Sie blickt zu der Stelle, an der das Gerüst gestanden hat, und von dort nach oben.

»Man sieht nicht viel bei dieser Dunkelheit. Aber es ist so gut wie fertig. Heute Mittag haben sie oben den Durchgang zum Vorderhaus gebaut. Ich würde es dir gern zeigen. Aber erst nach dem Gewitter, in Ordnung?«

~

Wil liegt wach. Es ist spät in der Nacht. »Hörst du das?«, fragt sie. Doch Jan schläft. Sie steht auf und verlässt das Schlafzimmer. Sie horcht. Es ist ein bisschen windig, und die neue Tür zwischen dem oberen Flur und der Treppe, die zum Dachboden der Scheune hinaufführt, klappert leise. Sie drückt die Tür ins Schloss, überlegt einen Moment, öffnet sie wieder und steigt die Treppe hinauf. Oben sieht sie im Walm am Ende des langen, leeren Schlafbodens das große Kippfenster und dahinter die Nacht. Das Leuchtturmlicht ist verschleiert, wahrscheinlich zieht irgendwo überm Watt eine Regenwand vorbei. Sie geht zum Fenster und stemmt sich mit den Händen dagegen. Es schließt gut. Sie dreht den Griff und öffnet es. Der Nachtwind weht herein. Sie schaut nach oben und lauscht.

»Es ist weg«, sagt sie.

~

Es ist ein außergewöhnlich warmer Morgen. Wil hat ein Tischchen nach draußen gestellt, damit sie in der Sonne frühstücken können. Schwalben sausen niedrig über das Gras und die von Matsch verdreckte Zufahrt. Jan ist schweigsam, aber spürbar angespannt, als wollte er etwas sagen und wüsste noch nicht, wie. Wil bläst behutsam auf ihren Tee, während ihr Blick den Deich entlanggleitet.

»Ich hab diese Nacht geträumt«, beginnt Jan. »Und ich kann mich noch genau dran erinnern.«

»Dann war's wohl kein so schöner Traum.«

»Nein, ziemlich scheußlich. Ich hab geträumt, dass man meine Mutter wieder lebendig gemacht hatte und dass ich sie im Dorf besuchen musste.«

»Wer hat gesagt, dass du das musst?«

»Was weiß ich, niemand. Es war wirklich scheußlich. Ich hatte richtig Angst davor, sie zu besuchen. Ich dachte: Dann muss ich ihr auch sagen, dass ich oben in der Scheune das Schlafzimmer eingebaut habe, und ich weiß ja, dass sie davon nichts hält.« Er grübelt schweigend weiter. Nach einer Weile sagt er: »Ich hatte nämlich schon länger vor, diesen Boden einziehen zu lassen.« Er blickt auf und fragt: »Lachst du mich auch nicht aus?«

Wil hebt die Augenbrauen. »Kommt drauf an, was du sagen willst.«

Jan seufzt. Er schaut sie an. »Ich hab's im Grunde schon gesagt: In den letzten Monaten hab ich oft mit meiner Mutter gesprochen, einfach so, bei der Arbeit oder wenn ich gerade nichts zu tun hatte. Dann ging sie an mir vorbei oder stellte sich neben mich. Versteh mich richtig: Ich hab sie wirklich gesehen, so wie ich dich jetzt sehe. Aber seit einigen Wochen ist sie verschwunden, da hat sie sich nicht mehr blicken lassen. Zuerst hat mich das erschreckt, ich dachte, ich hätte was falsch gemacht oder so. Letzte Woche dachte ich dann aber: So ist es eigentlich besser, sie sieht mir nicht mehr auf die Finger, jetzt kann ich bauen. Und das war doch eigentlich schön. Lachst du mich jetzt aus?«

»Nein«, sagt Wil. »Ich lächle, weil ich das auch schön finde.«

»Aber letzte Nacht sollte ich zu ihr, zum Tee, ins Dorf. Man hatte sie wieder lebendig gemacht. Und ich dachte: Warum haben sie das getan? Ich hatte fürchterlich Schiss. Als ob ich was

Schreckliches getan hätte, für das es keine Entschuldigung gab.«

»Und dein Vater? Hatte man den auch wieder lebendig gemacht?«

»Meinen Vater?« Jan denkt nach. »Nein, ich glaube nicht, ich weiß nicht, nein, das wohl nicht.« Er lacht. »Sonst hätte ich ja auch nicht zum Tee zu ihr kommen sollen, wenn sie meinen Vater zum Leben erweckt hätten, oder?«

»Bist du hingefahren?«

»Nein, das war alles.«

»Und jetzt?«

»Wie, und jetzt?«

»Hast du jetzt Angst, dass deine Mutter kommt?«

Jan gießt sich eine Tasse Tee ein. »Soll sie doch kommen«, sagt er.

~

An diesem Tag herrscht eine so drückende Schwüle, dass Wil alles ganz in Ruhe macht, weil ihr sonst schwarz vor Augen würde. Nacheinander trägt sie die Matratzen zum neuen Schlafzimmer hinauf und legt sie dort auf den Boden. Das Fenster steht weit offen, sein Rahmen reicht bis zu den Bodenbrettern hinunter. Wenn sie auf dem Bauch auf der Matratze liegt und das Kinn auf die Fäuste stützt, kann sie aufs Meer blicken, bis zu der Insel, die als vibrierender Strich am Horizont liegt.

Sie spürt etwas in ihrem Bauch und legt sich anders hin. Die leichte Brise, die hereinweht, bringt ein kleines bisschen Abkühlung. Sie merkt, dass ihre Müdigkeit, in schlaflosen Wochen aufgebaut, wie eine große Wolke herangezogen kommt. Und Wil sieht sie auch als Wolke, die am Horizont wächst und

stetig an Höhe gewinnt. Ihre Beine und Arme werden blei-
schwer, sie fühlt dankbar, wie sie in den ersten harmlosen und
tiefen Schlaf seit langer Zeit abgleitet.

~

Jans Stimme weckt sie. Er steht auf dem Deich und winkt zu ihr
hinauf. »Wil!«, ruft er. »Bist du da?!« Sie streckt sich vor, schaut
hinunter, hebt dann kurz die Hand, zu schläfrig zum Antworten. Sie ist nass geschwitzt. In den paar Stunden, in denen sie
geschlafen hat, ist es noch schwüler geworden. Am Horizont
die gleichen Wolken wie die eine, die ihr den Schlaf gebracht
hat, dick, grau, dunkel.

»Sieh mal! Kommst du?« Jan weist mit ausgebreiteten Armen
aufs Meer hinaus. Und endlich wird ihr das Eigenartige der Situation bewusst. Jan auf dem Deich, ohne sie, offenbar aus ei-
genem Antrieb. Was aber noch merkwürdiger ist: Das Meer
ist überall. Das ganze Deichvorland einschließlich der Wiesen
ist verschwunden. Überall nur Wasser. »Ist es wieder so weit?«,
fragt sie sich. Sie legt sich auf den Rücken und schließt die Augen. Dann dreht sie sich um und schaut hinaus. Doch alles ist
unverändert.

»Kommst du jetzt? Sieh dir das ganze Wasser an.«

Sie steht auf. Obwohl sie den Schlaf noch im ganzen Körper
spürt, geht sie die Treppen hinunter und steigt kurz danach
den Deich hinauf. Oben steht Jan, die Hände in den Taschen,
kopfschüttelnd schaut er aufs Wasser.

»Springflut«, sagt er, als sie endlich oben ist. »Ich hab Pferde
auf dem Deich gesehen. Ich dachte: Geh mal rauf. Bestimmt ist
das Wasser da.« Jan zeigt. Sie schaut. Eine Wasserfläche, aus der
hier und da eine Reihe von Pfählen gerade noch herausschaut,

das Einzige, was von einem Zaun zu sehen ist. Ein Schildchen mit der Aufschrift *Durchgang frei.*

»Das ist doch wirklich, oder?« Langsam steigt sie die seeseitige Böschung bis zum Wasser hinunter, bückt sich, formt die Hände zu einer Schale und schöpft sich Meerwasser ins Gesicht. Es ist wirklich. Sie steigt wieder zur Krone hinauf. »Unheimlich«, sagt sie. »An so einem stillen Tag. Das Wasser ist warm.«

»Die Ebbe setzt ein, glaube ich«, sagt Jan. »Aber wir müssen rein, da braut sich nämlich wieder was zusammen.« Die Wolken am Horizont sind geschrumpft, doch von Westen her schiebt sich ein dunkelgelber Himmel über den windstillen Nachmittag.

»Komm«, sagt Wil. »Wir können uns oben hinlegen und aus dem Fenster schauen.«

Jan zögert. Er betrachtet den Himmel über dem Meer, dann den westlichen mit dem nahenden Gewitter. »Das sieht übel aus«, sagt er.

»Wenn das Gewitter kommt, steckst du einfach den Kopf unters Kissen.«

Jan seufzt.

»Und wir machen das Fenster fest zu«, ergänzt Wil. »Komm.«

Sie gehen zum Haus zurück. Aus einem Haufen Grasschnitt werden Hälmchen hochgewirbelt. Jan bringt die Stühle und den Frühstückstisch hinein und schließt die Tür. Das Nachmittagslicht verschwindet allmählich, und Wind kommt auf.

~

Als sie oben ankommen, ist es bedrohlich dunkel geworden. Die Insel ist nicht mehr zu sehen, von Westen rollen Wellen mit Schaumkämmen heran. Wil schließt das Fenster und lässt sich bäuchlings auf ihrer Matratze nieder. Jan macht es sich neben ihr bequem und legt den Arm auf ihren Rücken. Sie schauen hinaus. Tropfen fallen auf die Scheibe. Eine Windbö erfasst das Haus. Von draußen ist undeutlich das Klirren von zerbrechendem Glas zu hören.

»Scheiße«, sagt Jan. »Die Scheiben fürs Gewächshaus. Die stehen noch draußen.«

»Bleib hier«, sagt Wil. »Jetzt ist es eh zu spät.«

Sie horchen. Der Wind schwillt weiter an. Ein Blitz schießt waagerecht über den Himmel. Jan zählt. Ein lang gezogener Donner rollt, immer lauter, bis das Haus in allen Fugen zu krachen scheint. Wieder ein Blitz. Der Donner folgt nun sofort. Der Sturm drückt gegen das Dach.

Dann nähert sich ein anderes Geräusch. Jan hat nun offenkundig Angst. Er schiebt seinen Kopf unter Wils Bauch. Das Dach erbebt, und ein dunkles Brausen schwillt an. Der Donner scheint von etwas Gewaltigerem verdrängt zu werden, einem anhaltenden, tiefen, alles übertosenden Grundton. Inzwischen hat der Sturm eine beängstigende Stärke erreicht, das Dach beginnt zu vibrieren. »Was ist da los!«, schreit Jan und zieht Wils Bauch fest an sein Gesicht. »Dieses verfluchte Meer, dieses verfluchte Scheißmeer!« Wil starrt hinaus, die Augen weit aufgerissen. Der Regen wird mit unfassbarer Kraft am Kippfenster vorbeigeschleudert, das wirbelnde, tobende Chaos hat alles Tageslicht verschlungen. Den Deich kann Wil nicht mehr sehen. Das Brausen des Windes ist ohrenbetäubend geworden. Und dann geschieht etwas Seltsames. Für einen Moment bekommt das Unwetter eine Gestalt, als würde ein riesiger schwarzer

Schatten vorbeiziehen, so hoch wie die Wolken. Das Dach knarrt, überall nur Toben, Lärm und ein gespenstisch tiefes Pfeifen. Ein dunkler, dröhnender Riese geht vorbei. Wasser schlägt gegen das Fenster. Es dauert eine Minute, die nicht enden will.

Dann lässt es nach. Das Dach kommt zur Ruhe, das Brausen verklingt, es wird heller. Jan kriecht vorsichtig unter Wils Bauch hervor. Er zittert. »Was war das, um Himmels willen?«, flüstert er.

»Es ist vorbei«, sagt Wil. »Egal, was es war. Sieh mal …« Etwas klebt außen an der Fensterscheibe, ein Stück blaue Plastikfolie. »O Gott.« Sie schlägt die Hand vor den Mund.

Auch Jan starrt es an. Er hat den Beutel erkannt. »Ein Gefrierbeutel«, stellt er fest. »Das ist doch nicht …« Er schaut Wil an. Sie ist blass geworden. »Was war das, was glaubst du?«, fragt er.

»Ich glaube, das war eine Windhose«, antwortet Wil. »Aber ich weiß nicht, ob sie auf dieser Seite des Deichs oder auf der anderen vorbeigezogen ist.«

»Lieber Gott im Himmel«, sagt Jan und beobachtet, wie der blaue Beutel langsam auf dem Fenster abwärtsgeregnet wird. »Einen Moment dachte ich, die Welt geht unter.«

»Es kam da draußen vorbei, ich hab es gesehen«, sagt Wil. »Aber ich wusste nicht, was es war. Es war … gewaltig.« Und sie zeigt auf den Beutel, der am unteren Ende des Fensters angekommen ist. »Das Ding kann von überall her kommen, es hat nichts zu bedeuten. Nicht dass wir uns noch einbilden, deine Mutter … mal sehen.« Und sie öffnet das Fenster ein kleines Stück und zieht den Beutel von der Scheibe. Es ist nichts Besonderes daran zu sehen, er ist eingerissen, er riecht ein bisschen muffig, aber nicht nach Grünkohleintopf, Erbsensuppe oder Makkaroni. Der Regen lässt nach.

~

Es gibt bemerkenswert wenig Schäden am Hof und in seiner Umgebung. Die Scherben der Glasscheiben fürs Gewächshaus sind auf dem Grundstück verteilt. Eine Trockenspinne mit Wäsche liegt hundert Meter vom Hof auf einem Kartoffelacker. Ein Strauch ist entwurzelt worden, doch das Haus hat fast nichts abbekommen: Eine kleine Scheibe wurde eingedrückt, das Fallrohr einer Dachrinne losgerissen, das ist alles. Das Dach hat standgehalten, vielleicht auch dank der Verstärkungen, die für den Schlafboden angebracht worden sind.

Hier und dort auf dem Deich, rings ums Haus und, wie sich später zeigt, auch auf den Kartoffeläckern liegen zerrissene Gefrierbeutel.

Gegen Abend nähert sich auf dem Betonplattenweg ein Wagen. Ein Journalist von einem regionalen Radiosender, ein silberfarbenes Köfferchen in der Hand, nimmt mit Jan beim Telefon Platz, um ihn live für ein Nachrichtenmagazin zu interviewen. Wil zieht sich in den Keller zurück.

Aus den einleitenden Worten des Journalisten geht hervor, dass tatsächlich eine Wasserhose die Küste entlanggezogen ist, ohne allerdings viel Schaden anzurichten, wenn man auch die Folgen für die Landwirtschaft in den betroffenen Gebieten noch nicht vollständig überblickt. Jan berichtet knapp, es habe unbeschreiblichen Lärm gegeben und alles sei schnell wieder vorbei gewesen.

»Wo waren Sie, als es passierte?«

»Im Haus.«

»Wo im Haus?«

»Im Haus eben.«

»Da haben Sie natürlich gedacht: Was ist denn jetzt los?«

»Ja.«

»Wussten Sie, was draußen passierte?«

»Nein … nein … ich dachte: Was ist denn jetzt los?«

»Und Ihre Frau? Was hat sie gedacht?«

»Was meine Frau gedacht hat?« Jan schaut den Journalisten an und schweigt.

Der junge Mann wird nervös. »Haben Sie große Schäden?«, fragt er rasch.

»Nein.«

»Was bauen Sie an?«

»Kartoffeln, Zuckerrüben, Getreide.«

»Und gibt es da Schäden?«

Jan zuckt mit den Schultern. Der Journalist gibt ihm mit Gesten zu verstehen, dass er etwas sagen muss. »Weiß ich noch nicht«, sagt Jan daraufhin.

»Aha. Gut. Na, ein Glück.«

»Ja.«

»Ähm … kommt das hier oft vor, so eine Wasserhose?«

»Nein«, antwortet Jan. »Hier ist es sonst sehr ruhig.«

Und damit ist das Interview schon vorbei. Der Journalist packt eilig seine Sachen zusammen und verschwindet ohne ein weiteres Wort. Jan blickt ihm draußen nach, bis er auf die Straße eingebogen ist. Dann geht er eine Runde ums Haus, sammelt Reste von Plastikbeuteln ein und wirft sie in den Müllcontainer. Die zerbrochenen Scheiben für das geplante Gewächshaus liegen schon drin.

~

»Hast du's gehört?«, fragt er, als er kurz danach im Haus Wil begegnet.

»Was soll ich gehört haben?«

»Das Interview.«

»Nein, hab ich nicht gehört.«

»Warum nicht?« Jan kratzt sich am Kopf.

»Na ja, ich hab nicht Radio gehört. Warum sollte ich?«

»Weil ich im Radio war«, sagt Jan und zeigt auf seine Brust.

»Um mich zu hören.«

»Was hast du denn gesagt?«

»Was ich gesagt hab? Na, eben … eben, was passiert ist.«

»Das hab ich doch selbst erlebt! Wieso soll ich mir das dann noch anhören?«

Jan beißt sich auf die Unterlippe und geht in die Küche. Dort tritt er mit Wucht gegen einen Stuhl. Der Stuhl überschlägt sich polternd und knallt gegen den Mülleimer, der ebenfalls umfällt. Dann nimmt Jan einen Teller von der Spüle und zerschmeißt ihn auf dem Tisch. Mit einem großen Kochlöffel schlägt er auf die Scherben ein. Wil schaut von der Tür aus einen Moment zu und zieht sich dann zurück.

Jan tobt noch eine Weile weiter, bis keine Scherbe mehr übrig ist. Anschließend stiefelt er durchs Haus, noch längst nicht abgekühlt. »Wil!«, brüllt er. »Wil!! Wo steckst du, Wil!!«

Wil hat das Haus verlassen, um zum Deich zu gehen. Doch auf halbem Weg bleibt sie stehen und dreht sich um. Sie befühlt ihren Bauch, verzieht das Gesicht, zerrt an ihrem Hosenbund und betrachtet den Abendhimmel über dem Hof und den Äckern. Dann kommt Jan laut rufend aus dem Haus. Mit großen, schweren Schritten geht er auf sie zu. Heiser dringt seine Stimme unter dem gewaltigen Himmel zu ihr. Sie macht einen Schritt rückwärts, dann noch einen, und bleibt stehen.

»Wenn ich dich nicht interessiere, wieso bist du dann noch hier?!«

Wil schweigt. Sie schaut Jan unverwandt an, abwartend. Er erwidert ihren Blick. »Sag was!«, schreit er. Sie sagt nichts, sie bleibt stehen und behält seine Hände im Blick. Plötzlich packt er sie an den Schultern und schüttelt sie. »Warum sagst du nichts, warum zum Teufel sagst du nichts!!« Er lässt sie los, rennt zum Traktor und tritt mehrmals heftig gegen einen Hinterreifen, bis er mit zuckenden Schultern zur Ruhe kommt, die Stirn auf dem Kotflügel.

»Du bist wütend«, sagt Wil. »Du bist nicht du selbst. Beherrsch dich.«

Jans Rückenmuskeln spannen und entspannen sich wieder. »Sag mir, was ich falsch mache«, sagt er in Richtung Traktor.

»Nichts. Du musst einfach dein Ding machen und mich auch mein Ding machen lassen.«

Es ist einen Moment still. Jan ballt die Faust und schlägt sachte, aber regelmäßig auf das Gummi des Traktorreifens.

»Ich hindere dich doch an nichts, oder?«, fragt sie.

»Ich mache mir Sorgen um dich«, sagt Jan.

»Du willst, dass ich nett zu dir bin. Das ist etwas anderes, als sich Sorgen zu machen. Außerdem kann ich gut auf mich selbst aufpassen. Dafür brauche ich dich nicht.«

Jan hört mit dem Schlagen auf und dreht sich um. »Gut«, sagt er. »Ich will zweierlei: Ich will, dass du nett zu mir bist, aber ich will mir auch Sorgen um dich machen dürfen. Du benimmst dich komisch. Ich will wissen, was los ist. Ich will, dass du es mir sagst. Ich will nicht vergeblich danach fragen müssen.«

»Ich will mich nicht um dich kümmern müssen«, sagt Wil. »Ich bin nicht deine Mutter. Ich bin Irene. Warum nennst du mich nicht bei meinem eigenen Namen?«

Jan schaut sie an und sucht nach Worten. Vom Meer her fliegt eine Schar Enten niedrig über den Deich, pfeifendes Flügelschwirren ist in der Luft. Wil schaut Jan an, wartet.

»Irene heißt eine Kartoffel«, sagt er endlich.

Wil starrt ihn an. Sekunden verstreichen. Dann fragt sie: »Du hast mich Wil genannt, weil Irene eine Kartoffel ist?«

~

Jan und Irene stehen verloren im hereinbrechenden Abend. Beide wissen nicht so recht, was sie jetzt tun sollen. Jan schluckt einmal, noch unentschlossen. Dann nimmt er sich zusammen. Er geht zu ihr hin und streckt so vertraulich, wie er kann, den Arm nach ihr aus. »Ich werd's versuchen … Irene«, sagt er, und dann seufzt er noch ein paarmal weinerlich. »Vielleicht kommen wir ja doch zusammen.«

Sie nimmt seine Hand, hält ihn aber mit gestrecktem Arm auf Distanz. »Ich werde versuchen, mich an dich zu gewöhnen, aber rechne nicht zu fest damit, denn dann geht es auf keinen Fall.«

»Bin ich dir zuwider?«

»Nein«, sagt sie sofort. »Nein, das ganz sicher nicht.«

Und wieder ist es still. Jan holt tief Luft. »Sag mir noch eins: Erwartest du ein Kind?«

»Ja«, antwortet sie und schaut ihn an. »Es kommt Ende November. Ich wollte abtreiben, aber dafür war es einen Monat zu spät.«

Jan verstärkt kurz den Druck seiner Hand und lässt dann Irenes Hand los, um sich über Stirn und Augen zu reiben. »Geh schon mal rein«, sagt er. »Ich komme gleich nach.«

XI

SCHNEE

J an.« Irene flüstert. Es ist noch sehr früh und dunkel. »Jan.«
Er liegt auf dem Boden, in einem Schlafsack vor dem Ofen.
Irene betrachtet ihn vom Bett aus, das sie im vergangenen Monat in Erwartung des Babys im Wohnzimmer aufgestellt haben und in dem sie jetzt durch die ersten Vorankündigungen
der Wehen geweckt worden ist.

»Jan.«

Jan schläft.

~

Gestern Abend wollte sie die Treppen nicht mehr hinaufstei-
gen. »Ich schlafe unten«, verkündete sie. Das Bett, das schon
über einen Monat – seit Mitte November – gewartet hatte,
stand wie ein Altar in der weihevollen Stille des Wohnzimmers,
den Anweisungen entsprechend bezogen, mit der absorbieren-
den Matratzenauflage und der Kunststofffolie, beides unter einem straffen Spannbetttuch verborgen. Nicht mehr von Händen oder Worten angerührt, wartete es darauf, dass sich das
Unumkehrbare an Irene vollziehen würde. Die Tür war ange-

lehnt, die Vorhänge halb zugezogen, der Gasofen wachte mit flackernder Zündflamme.

Sie betraten das Zimmer nicht, schnitten das Thema nicht an, das Bett stand nur da. Wochen krochen vorbei. Es wurde Ende Dezember.

Und gestern Abend stand Irene vom Küchentisch auf, wischte die Arbeitsplatte sauber, kontrollierte, ob die Tür des Hauswirtschaftsraums abgeschlossen war, und sagte dann, dass sie nicht mehr nach oben gehen wollte. Danach ging sie in Richtung Wohnzimmer, öffnete die angelehnte Tür und steuerte aufs Bett zu. »Hier«, sagte sie und setzte sich. »Holst du bitte unsere Bettdecke? Ich schlafe hier.«

Jan suchte in ihrem Gesicht nach Anzeichen für etwas Ungewöhnliches, fand aber keine. »Ich kann dich hier nicht allein lassen.«

»Du musst selbst wissen, was du tust«, sagte Irene und sank langsam zurück. »Wenn du mir nur die Bettdecke holst. Mir ist kalt.«

»Ist alles gut?«

»Alles in Ordnung. Ich will bloß nicht diese Treppe raufgehen.«

Jan holte die Bettdecke und half Irene beim Ausziehen und deckte sie zu und küsste sie aufs Haar. Irene ließ sich all das gefallen und schloss die Augen.

Jan stand mitten im Zimmer, betrachtete sie, wie sie reglos und mit geschlossenen Augen auf dem Bett lag, und wagte kaum noch zu atmen. Sein Blick glitt über die Wände, über die Fotos all der Vorfahren. Sie schauten unbewegt an ihm vorbei, als sähe er sie von der Seite, ein ernst abwartender Zug von Menschen. Sie hätten ihn für ängstlich und einsam gehalten.

Er schaltete das Licht aus, verließ das Wohnzimmer und schlich noch eine Stunde auf Zehenspitzen durchs Haus. Mehrmals horchte er mit angehaltenem Atem an der Tür, ob mit Irene alles in Ordnung war. Als er endlich zum Schlafboden in der Scheune hinaufgestiegen war und übers Bett hinweg durch das Kippfenster in die Nacht schaute, sah er, dass es zu schneien angefangen hatte. Das Bett war leer ohne Irene, und ohne Bettdecke. Außerdem war es kalt.

»Nein«, sagte er und stieg wieder zum Obergeschoss des Vorderhauses hinunter.

Dort stand er einen Moment unschlüssig vor dem Bett seiner Eltern. Dann holte er aus dem Dielenschrank einen alten Schlafsack und eine Isomatte und ging die Treppe hinunter. Er schlich ins dunkle Wohnzimmer, rollte sein Bett vor dem Ofen aus, schlüpfte hinein, wartete, bis sich seine Augen an die Dunkelheit gewöhnt hatten, und schaute sich im Zimmer um. Stuhlbeine glänzten schwach im Licht der Zündflamme. Mondlicht hinter den Vorhängen. Schließlich kräuselte ein Lächeln seine Lippen, und er schlief ein.

~

»Jan …«

Es ist, als wolle Irene nicht, dass Jan sie hört, so leise flüstert sie. »Es hat angefangen.«

Jan schläft.

»Jan, es ist ganz natürlich, dieses Gefühl, sssst.«

~

Etwas später pendelt Jan, sehr wach, zwischen Küche und Wohnzimmer. Er ist nicht in Panik, allerdings ziemlich aufgeregt. Er hilft Irene, wenn sie aufstehen muss, und sagt: »Ich koche dir einen Tee«, und wenn sie vorübergehend Ruhe hat, fragt er: »Soll ich dir was vorlesen?« Und er liest ihr von Wehe zu Wehe immer ein kleines Stück aus einem ihrer Bücher vor. Er weiß nicht, was er liest, und seine Stimme ist das Vorlesen nicht gewohnt, aber er liest. Während der Wehen drückt er die Hände in ihr Kreuz und sagt: »Ruhig.« Was er nicht zu sagen bräuchte, denn Irene ist ruhig. Sie schweigt meistens, lässt es geschehen, und als es nach Stunden nicht mehr auszuhalten ist, verflucht sie die Schmerzen, doch sonst nichts und niemanden. Sie lässt Jan gewähren. Schließlich sagt sie, er solle sie jetzt bitte in Ruhe lassen, bis das Kind da ist. Und dann duldet sie nur noch die Hebamme, die aus dem Dorf gekommen ist und sie wie abgesprochen auf den Gebärhocker setzt und sie anleitet und lobt.

Am frühen Nachmittag wird das Kind geboren.
Ein kreischendes Etwas, eine Kathedrale voller Wunder.
Es ist ein weicher, pummeliger Junge.
Irene sagt: »Wie hübsch sie ist.«

~

Am späten Nachmittag ruft Jan Irenes Mutter an, die diesmal überhaupt keine Worte findet. Und auch Jan weiß nicht so recht, was er sagen soll, außer dass es ein hübsches Kind ist und dass es Irene gut geht und dass die Hebamme sagt, alles sei normal verlaufen.
Und dann legt er auf und heult ein bisschen, weil er seine

eigenen Eltern nicht mehr anrufen kann. Er wartet, bis der Kloß im Hals sich auflöst, und geht ins Wohnzimmer. Dort zieht er die Vorhänge auf. Helles Licht flutet herein. »Sieh mal«, sagt er. Irene richtet sich mühsam ein wenig auf und schaut mit zusammengekniffenen Augen hinaus. Es hat geschneit, die Sonne scheint. Die Welt ist weiß bis zum scharfen Horizont. Es ist still. Sehr still.

~

Eine Woche später steht Irene sehr früh auf und schlägt den Zipfel eines Vorhangs ein Stück zur Seite. Es hat wieder geschneit. Der Himmel ist gleichmäßig verschleiert, die tief stehende Sonne scheint sanft durch den Dunst. Sie tritt einen Schritt zurück und beschirmt mit der anderen Hand die Augen.

Dann lässt sie den Vorhang zurückfallen und beugt sich einen Moment lauschend über die Wiege. Das Baby atmet ruhig. Auch vom Schlafsack vor dem Ofen ist nichts als tiefer Schlaf zu hören. Irene schleicht aus dem Zimmer und steigt langsam die Treppe zum Obergeschoss hinauf.

Dort duscht sie und kramt ein wenig herum.

Es ist immer noch totenstill im Haus, als sie langsam die Treppe hinuntersteigt. Sie geht durch die leere, kalte Küche in den Flur, schlüpft in ihre Jacke und legt ihren Schal um. Sie horcht angestrengt, während sie die Klinke der Tür zur Scheune in der Hand hält. Als es weiter still bleibt, schleicht sie durch die Scheune ins Freie. Sie saugt die knisternd kalte Luft ein und geht langsam zum Deich. Der Schnee knirscht unter ihren Sohlen. Mit einer Hand schützt sie ihr Gesicht vor dem Licht.

Irene bewegt sich vorsichtig. Vor dem Weiderost zögert sie. Eine Weile reibt sie sich sachte die Hände, hält sich dann am

Zaun fest und überquert achtsam die schneeglatten Metallstäbe.

Es geht gut. Sie holt tief Luft, atmet eine große Wolke aus. Dann zieht sie den Schal vor Mund und Nase und beginnt den Aufstieg auf den Deich. Der frische Schnee liegt hoch und locker auf der Böschung. Sie setzt einen Fuß vor den anderen, rutscht manchmal ein kleines Stück zurück, fällt aber nicht. Sie schaut nur auf den Schnee vor ihren Füßen und nähert sich langsam, aber sicher der Deichkrone.

Dort richtet sie sich auf und schaut. Weiß senkt sich die seeseitige Böschung zu einem Meer aus Schnee. Das Deichvorland ist weiß, soweit das Auge reicht, in allen Richtungen makellos weiß. Irene zieht den Schal vom Mund und stößt einen abgewürgten Schrei aus. Sie dreht sich um.

Auch landeinwärts breitet sich das weiße Meer vor ihr aus. Der Deich erstreckt sich links und rechts als sanfter weißer Höhenzug in einer Unendlichkeit aus Schnee.

Irene schließt die Augen und dreht sich und dreht sich, langsam, um ihre eigene Achse. Sie dreht sich, bis sie nicht mehr weiß, wo vorn und hinten ist, dann bleibt sie stehen, und sie öffnet die Augen, und sie schaut, und sie sieht unendliches Weiß, und sie sagt: »Es spielt keine Rolle mehr«, und dann steigt sie den Deich hinunter.

~

Jan wird wach, weil sein Sohn zu schreien anfängt. Er steht auf und beugt sich über die Wiege. Vorsichtig nimmt er ihn auf den Arm, bettet das Köpfchen an seiner Achsel. Dann dreht er den Gasofen höher und zieht die Vorhänge auf. »Irene«, sagt er leise. Er geht in die Küche und dreht auch dort den Ofen hoch.

»Irene.« Er steigt die Treppe hinauf, sucht oben. Irene ist nicht da.

Er kehrt in die Küche zurück, um am Vorabend abgekochtes Wasser auf kleiner Flamme zu erwärmen. Er schaut aus dem Fenster. Als er sich weit vorbeugt, kann er gerade noch sehen, wie Irene sich auf dem Deich langsam um sich selbst dreht. Einen Moment beobachtet er sie reglos, eilt dann ins Wohnzimmer, nimmt eine Decke aus der Wiege, legt sie seinem Sohn um und steigt so schnell er kann die Treppe ins Obergeschoss hinauf und von dort weiter zum neuen Schlafzimmer unterm Dach. Am Kippfenster bleibt er stehen. Unten ist Irene zum Stillstand gekommen. Sie fasst sich an die Stirn und schwankt ein wenig. Jan greift nach dem Fenstergriff, zögert jedoch und schaut nur hinunter. Schließlich macht Irene einen Schritt vorwärts und beginnt mit dem Abstieg.

Jan lässt den Fenstergriff los. Er streichelt seinem stillen Sohn über den Rücken. Dann entfernt er sich vom Fenster und geht schnell ins Vorderhaus hinunter. In der Küche schaltet er den Herd ab und gießt das warme Wasser in ein Babyfläschchen. Er gibt ein paar gestrichene Messlöffel Milchpulver hinein, dreht den Deckel mit dem Sauger fest und fängt an zu schütteln.

In diesem Moment erscheint Irene vor dem Küchenfenster. Sie klopft an die Scheibe, legt Daumen und Zeigefinger aneinander, als würde sie etwas halten, und macht eine Drehbewegung mit der Hand. Jan nickt, geht in den Hauswirtschaftsraum und schließt Irene die Tür auf. »Setz dich«, sagt er in der Küche. »Wenn du einen Moment wartest, kommen wir zu dir, und dann koche ich Tee für dich.«

»Ich war kurz auf dem Deich«, sagt Irene.

Jan nickt. »Schön, dass du wieder da bist«, sagt er.

INHALT

    I Die Vereinbarung 5

   II Wils Art 15

  III Der Unterschied 27

  IV Unter den Menschen 51

   V Frühstücken 71

  VI Nichts sagen 87

 VII Glas 105

VIII Zu Mutter 121

  IX Vergebliche Mühe 141

   X Warten 161

  XI Schnee 183